**Bibliografische Information der Deutschen Nationalbibliothek:**

Die Deutsche Bibliothek verzeichnet diese Publikation in der Deutschen Nationalbibliografie; detaillierte bibliografische Daten sind im Internet über http://dnb.d-nb.de/ abrufbar.



**Impressum:**


Druck und Bindung: Books on Demand GmbH, Norderstedt Germany
ISBN: 9783640623235

**Dieses Buch bei GRIN:**

http://www.grin.com/de/e-book/150296/entwurf-und-prototyping-eines-experten-systems-zur-diagnose-von-stoerungen

**Daniel Krüger**

# Entwurf und Prototyping eines Expertensystems zur Diagnose von Störungen im Anwendungsbetrieb

GRIN Verlag

BERUFSAKADEMIE | MANNHEIM
university of cooperative education | staatliche studienakademie

Fachrichtung
Wirtschaftsinformatik

Diplomarbeit

# Entwurf und Prototyping eines Expertensystems zur Diagnose von Störungen im Anwendungsbetrieb

Daniel Krüger

Kurs : WWI 05 G

Unternehmen : Stadt Mannheim

STADTMANNHEIM²

## Abstract

In den letzten Jahren haben verschiedene Programme zur Systemüberwachung Einzug in Unternehmen und Verwaltungen gehalten. Die Sichtweise solcher Überwachungen ist jedoch hardwareorientiert und beschränkt sich auf die Erfassung und Auswertung technischer Ereignisse. Für Anwendungsbetreuer die Fachanwendungen betreuen bedeutet dies, dass eine Sicht vorherrscht die die Diagnose von Anwendungsstörungen erschwert. Es fehlt eine zentrale Sicht auf das Betriebsverhalten von Softwareanwendungen. Zudem sind die Auswertungsfunktionen einer Systemüberwachung nur eingeschränkt zur Diagnose von Anwendungen geeignet.

Ziel dieser Diplomarbeit ist deshalb eine ganzheitliche maschinelle Anwendungsüberwachung, die Störungsursachen feststellen und bewerten kann. Für die plausibelste Ursache soll ein Therapievorschlag angezeigt werden, der dem Anwendungsbetreuer erklärt welche Maßnahmen notwendig sind. In der Diplomarbeit werden zunächst eine komplexe Workflow-Anwendung und deren Überwachung analysiert. Die resultierenden Problembereiche werden durch Konzeption und Entwurf eines Expertensystems gelöst. Bei der theoretischen Lösung werden wissensbasierte Methoden und neuronale, sowie mathematische Ansätze verwendet.

Die praktische Umsetzbarkeit der theoretischen Lösung wird durch einen Prototypen validiert. Um Entwicklungszeit einzusparen wird der Systemkern in eine Datenbank implementiert. In der Programmiersprache Java wird ein vom Systemkern getrennter Regeleditor entwickelt.

Der Prototyp wird bewertet. Weiterführende Verbesserungsmöglichkeiten werden aufgezeigt.

**Inhaltsverzeichnis**

## 1 Einführung

Das „Robotermärchen" des polnischen Philosphen Stanislaw Lem befasst sich mit den Themen Wissen und Information. Der Autor erzählt die Geschichte der Raumfahrer Klapaucius und Trurl, die von einem Räuber gefangen genommen werden. Dem Räuber steht der Sinn nicht nach Gold und Silber, sondern nach den Schätzen des Wissens. Die Astronauten konstruieren für ihn eine Maschine, die am laufenden Band Informationen generiert und auswirft. Schließlich lässt der Räuber die Beiden laufen und beginnt, die generierten Informationen zu lesen. So erfährt er zum Beispiel, dass die Tochter des Königs Petricius aus Laubaudien Garbunda hieß, und er erfährt die Anzahl der Elektronenhüllen eines Termionoliumatoms. Schließlich stellt der Räuber jedoch fest, dass ihm die Informationen nichts nützen. Er kann für sich aus den Informationen keinen positiven Vorteil ableiten.[1]

Umgangssprachlich werden die Begriffe „Wissen" und „Information" oftmals gleichwertig behandelt. Doch die philosophische Geschichte zeigt, dass zwischen den Begriffen „Wissen" und „Information" durchaus ein Unterschied besteht. In der Ausdrucksweise der mathematischen Informationstheorie wird der Begriff „Information" als das Neue an einer Nachricht definiert. Der Begriff „Wissen" hingegen kennzeichnet die praktische Anwendbarkeit bzw. den Nutzen der Information.[2]

Der philosophischen Geschichte kann auch entnommen werden, dass es in einer bestimmten Situation nicht einfach ist, an die Informationen zu gelangen, die gerade von Bedeutung sind. Der Zugriff auf Informationen erscheint manchmal weniger problematisch, als die Abgrenzung des Relevanten. Solch eine Abgrenzung kann ggf. lange dauern und teuer sein.

Die Filterung von Informationen ist historisch betrachtet ein relativ zeitloses Gebiet. Zudem existiert ein breiter industrieller Hintergrund. Beispielsweise wurde in den ersten Automobilen der Fahrer noch eher als Maschinist betrachtet. Moderne Fahrzeuge hingegen teilen dem Fahrer genau mit, wo sich eine Störung befindet und was zu tun ist, um den Normalbetrieb wieder herzustellen. Inzwischen verfügen sogar Kaffeemaschinen über Anzeigen, die vom Anwender bestimmte Maßnahmen fordern, um den Betrieb aufrecht zu erhalten.

---

[1] Vgl. [Le82] und Vgl. [BHS07] S.1,2
[2] Vgl. [BK00] S.419

In vielen technischen Geräten befinden sich heute „Expertensysteme“. Solche Expertensysteme verfügen über genügend Wissen, um die für den Anwender relevanten Informationen herauszufiltern und aufzubereiten. Dem Anwender wird eine definierte Schnittstelle nach außen angeboten, sodass er sich um Interna nicht mehr kümmern muss.[3] Das Ziel solcher Systeme ist die Vereinfachung von Bedienung und Wartung – gerade bei sehr komplexen Vorgängen.

Neben technischen bzw. medizinischen Einsatzmöglichkeiten ist der Einsatz von Expertensystemen auch in der Informationstechnologie möglich, denn bei Anwendungsstörungen kann das Ableiten von Ursachen und Therapievorschlägen ebenfalls durch ein Expertensystem erfolgen.
Infrastruktur- und Anwendungsmanagement haben unterschiedliche Sichtweisen auf den Support. Die Administratoren betreuen Systemsoftware wie Betriebs-, Speicher- und Rechnersysteme. Anwendungsbetreuer pflegen die Fachanwendungen. Ihre Arbeit setzt funktionsfähige Systemsoftware und Hardware voraus, jedoch sind Hardwarezustände für einen Anwendungsbetreuer von sekundärer Bedeutung. Hier stehen die Konfigurationen und Funktionen von Fachanwendungen im Mittelpunkt. Folglich ist ein anderer Blickwinkel bzw. ein Wissen über die betreffenden Anwendungen notwendig.

Doch dieses Wissen allein genügt nicht. Die Reaktionszeiten, die Fehlerbehebungszeiten und die Verfügbarkeiten von Anwendungen werden zunehmend vertraglich durch Service Level Agreements (SLAs) fixiert.[4] Bei Nichteinhaltung drohen Vertragsstrafen. Dies erfordert, dass das benötigte Wissen auch zugänglich, verständlich und nachvollziehbar hinterlegt wird. Eine möglichst kurze Auswertungszeit und eine kostengünstige Automatisierung sind erwünscht.

Der Einsatz eines Expertensystems zur Anwendungsdiagnose lässt sich somit begründen.

[3] Siehe [BHS07] S.6
[4] Vgl. [HK08] S.36

## 1.1 Motivation

Die Relevanz einer umfassenden Überwachung der Informationsinfrastruktur wird zunehmend erkannt. In den letzten Jahren haben verschiedene Überwachungsprogramme in Unternehmen und Verwaltungen Einzug gehalten. Kostenlose Open-Source-Programme, wie zum Beispiel „Nagios" erlangen immer mehr Beliebtheit. Die kostgünstige Beschaffung der Software und eine modular erweiterbare Architektur begünstigen die Verbreitung.[5]

Das Überwachungsprogramm Nagios ist besonders für öffentliche Einrichtungen interessant. Durch den Haushalt und die Budgetierung sind die finanziellen Mittel begrenzt. Bei notwendigen Anschaffungen muss hier besonders auf deren Wirtschaftlichkeit geachtet werden. Einer Fachzeitschrift lässt sich entnehmen, dass der Deutsche Bundestag und das Bundesverwaltungsamt bereits eine Nagios-Überwachung verwenden und damit sehr zufrieden sind.[6]
Trotz der Zufriedenheit vieler Betreiber muss festgestellt werden, dass die Nagios-Software auf die Überwachung von Hardware und Betriebssystemen fixiert ist. Sie wurde speziell für eine Systemüberwachung (engl. system monitoring) entwickelt. Im Mittelpunkt der Überwachung und Ergebnisvisualisierung stehen die Hardware-Ereignisse von technischen Systemen. Diese Sichtweise ist deshalb nur bedingt zur Überwachung von Anwendungen geeignet. Bei der Betreuung von Anwendungen stehen die Konfigurationen und Funktionen der verteilten Anwendungskomponenten im Vordergrund. Informationen über Zustände von Rechnern und Netzwerkabschnitten sind bei der Anwendungsbetreuung nur von sekundärer Bedeutung.

Diese Erkenntnis motiviert zur Innovation. Ziel dieser Diplomarbeit ist es deshalb, eine ganzheitliche Konzeption für ein Expertensystem zur Anwendungsdiagnose zu erarbeiten. Sinn und Zweck ist die Entwicklung eines Systems zur automatisierten Ursachensuche mit anschließendem Therapievorschlag. Im Mittelpunkt steht dabei die Sicht auf die Anwendungen. Die bereits bestehende Systemüberwachung ist im Entwurf zu berücksichtigen und beizubehalten. Die Konkretisierung des Entwurfs erfolgt am Beispiel eines komplexen, verteilten Informationssystems. Dadurch wird sichergestellt, dass die erarbeitete Lösung einen ganzheitlichen Charakter aufweist. Letztlich soll die theoretische Lösung prototypisiert werden. Die praktische Umsetzbarkeit ist zu bewerten.

[5] Vgl. [Pl07] S.37
[6] Vgl. [HK08] S.34 und 35

## 1.2 Aufbau der Diplomarbeit

Zunächst wird das Umfeld analysiert. Die Erarbeitung des Expertensystems erfolgt am Beispiel einer ausgewählten, komplexen Workflow-Anwendung. Die Workflow-Anwendung befindet sich auf einer Hardware, welche an eine Nagios-Systemüberwachung angebunden ist. Die Anwendung und die Systemüberwachung werden systematisch in kleinere Bestandteile zerlegt. Während der Analyse wird das Problem in Problembereiche unterteilt, die später durch die Konzeption und den Entwurf des Expertensystems gelöst werden. Zunächst wird deshalb eine abstrakte Expertensystem-Architektur entworfen. Die Komponenten der Expertensystem-Architektur werden dann konkretisierend beschrieben. Auch weiterführende Ansätze zur Optimierung des Expertensystems werden aufgezeigt. Es wird auf wissensbasierte, neuronale und differenzialdiagnostische Methoden zurückgegriffen.

Im Anschluss an die Erarbeitung der theoretischen Lösung erfolgt die praktische Prototypisierung. Ausgewählte Funktionen des Systemkerns werden in eine Datenbank implementiert. Dies reduziert die Entwicklungsdauer. In der Programmiersprache Java wird die graphische Oberfläche eines Regeleditors entwickelt.

Nach der praktischen Umsetzung werden die realisierten Funktionen zwischen Anwendungsexperte, Anwendungsbetreuer und Entwickler diskutiert. Der Konsens wird in einer Bewertung schriftlich festgehalten. Die Ergebnisse werden zusammengefasst und ein Ausblick wird gegeben.

# 2 Analyse

Im Folgenden wird ein Informationssystem ausgewählt, das ein Ordnungswidrigkeitsverfahren unterstützt (siehe 2.1). Stellvertretend für andere kommunale Informationssysteme wird eine komplexe Workflow-Anwendung (1. Untersuchungsobjekt) untersucht. Dadurch wird sichergestellt, dass die erarbeitete Lösung einen ganzheitlichen Charakter aufweist.

Die hardwareorientierte Systemüberwachung (2. Untersuchungsobjekt) der Anwendung ist ebenfalls von Bedeutung. Die Architektur und der Überwachungsablauf von Nagios (bereits unter 1.1 erwähnt) werden deshalb eingehend beschrieben (siehe 2.2).

Die nun folgende Analyse bildet die Grundlage für Konzeption und Entwurf des Expertensystems (siehe 3). Zunächst wird die Workflow-Anwendung untersucht.

## 2.1 Workflow-Anwendung

Bei dem ausgewählten Informationssystem handelt es sich um eine „Workflow-Anwendung". Eine Workflow-Anwendung „steuert den Arbeitsfluss (Workflow) zwischen beteiligten Stellen nach den Vorgaben einer Ablaufspezifikation (Workflow-Schema)."[7] Die kommerzielle Anwendung „Public Marius OWI" (PMOWI) ist eine solche Anwendung. Sie ist Kernbestandteil eines komplexen, räumlich verteilten und weitgehend automatisiert ablaufenden Prozesses. Im Folgenden wird ein Überblick über den Workflow (siehe 2.1.1) gegeben und die komplexe, räumlich verteilte Architektur (siehe 2.1.2) aufgezeigt.

### 2.1.1 Workflow

Ein Workflow (Arbeitsfluss) ist „eine zum Teil automatisierte, gesteuert ablaufende Gesamtheit von Aktivitäten, die sich auf Teile eines Geschäftsprozesses beziehen."[8] Ausgehend vom gesetzlichen Rahmen wird nun der Workflow für Verkehrsdelikte beschrieben:

[7] Siehe [BJS97] S. 491
[8] Siehe [BJS97] S. 490

Die Straßenverkehrsordnung (StVO) ist eine Rechtsnorm, die vom Bundesministerium für Verkehr, Bau und Stadtentwicklung verfasst wird. Innerhalb der StVO werden grundlegende Verhaltensregeln für die Teilnahme am Straßenverkehr festgelegt. Die Umsetzung der Rechtsnorm wird durch eine Verwaltungsvorschrift geregelt. Bei der Kommune Mannheim erfolgt deren Umsetzung im Fachbereich „Sicherheit und Ordnung“. Die PMOWI-Anwendung steuert den Workflow.

Die Polizeihostessen stehen am Anfang des Arbeitsflusses. Sie weisen den Verkehrsteilnehmern Verwarnungen zu, wenn gesetzliche Halte- und Parkverbote nicht beachtet werden. Durch die Ausstellung einer Verwarnung wird ein komplexer Verarbeitungsprozess (Verfahren) angeregt. Das Verfahren bearbeitet auch Geschwindigkeitsüberschreitungen die durch Radargeräte erfasst werden.

Die folgende Abbildung zeigt das Verfahren für Verkehrsdelikte:

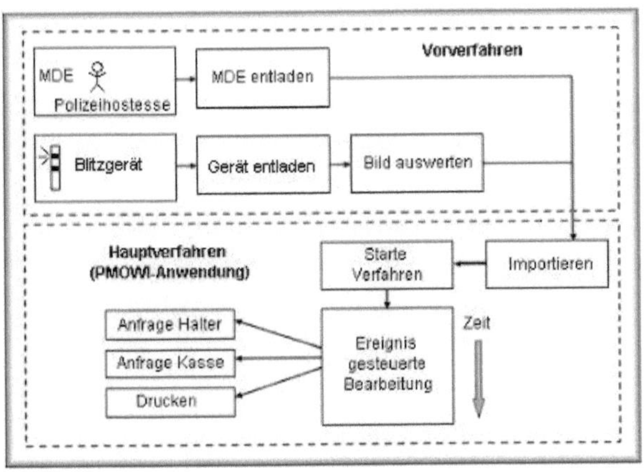


Abbildung 1: Deliktverfahren

In einem Vorverfahren werden Informationen über potentielle Delikte durch mobile Datenerfassungsgeräte (MDEs) bzw. Laptops in die Anwendung importiert. Die Schwerpunkte des Vorverfahrens sind die Datensammlung und Datenaufbereitung. Die Schnittstelle zwischen Vorverfahren und Hauptverfahren sind Dateien. Diese werden zu fixen Zeiten ins Hauptverfahren importiert. Im Hauptverfahren übernimmt die automatische, ereignis- und zeitgebundene Ablaufsteuerung der PMOWI-Anwendung die Kontrolle über die Unterprozesse. Beispielsweise druckt die Anwendung selbsttätig Briefe, beschafft Halter-Informationen und kommuniziert mit der Kassenstelle.

### 2.1.2 Architektur

Die Anwendung ist in der Stadt Mannheim verteilt angeordnet. Die Verteilung der Anwendung resultiert aus den örtlichen Gegebenheiten und kostenrechnerischen Überlegungen. Die räumlich verteilten Anwendungsteile sind funktional miteinander verbunden.

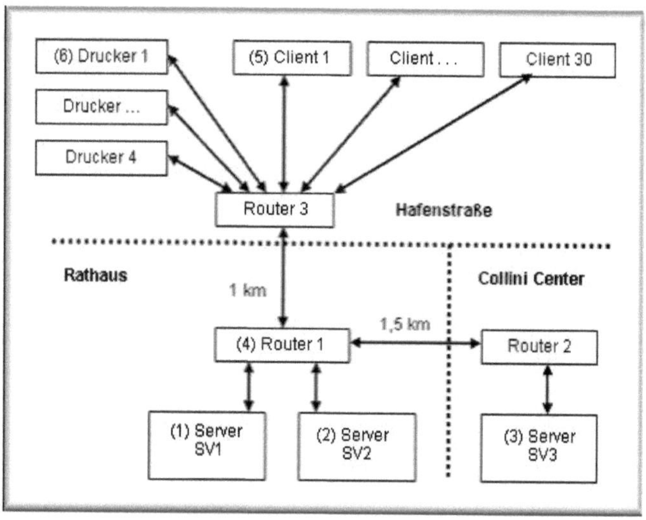


Abbildung 2: Räumlich verteilte PMOWI-Anwendung

Die Bestandteile der Anwendung haben unterschiedliche Aufgaben: Auf den File-Servern (1 und 2) befinden sich Fotos und Dokumente, die in dem beschriebenen Verfahren erzeugt werden. Die Daten auf „SV1" werden regelmäßig mit den Daten von „SV2" abgeglichen (Redundanz). Auf einem anderen Server (3) befindet sich eine Datenbank. Die Verbindung der verschiedenen Anwendungsteile wird durch Router (4) realisiert. Die Anzahl der aktiven Clients (5) ist variabel und abhängig von der personellen Besetzung im Fachbereich. Gelegentlich werden Drucker (6) aufgrund der Wartung vom Netzwerk getrennt. Auf die soeben erwähnten Bestandteile wird später, bei der Konzeption der Wissensbasis (siehe 3) näher eingegangen.

Die Verbindungsgrundlage für die einzelnen Anwendungsteile ist das Metropolitan Area Network (MAN) der Kommune Mannheim. Die räumliche Trennung beeinflusst das Anwendungsverhalten nicht und wird deshalb nicht explizit betrachtet. Sie hat jedoch Auswirkungen auf die Anwendungsüberwachung (siehe 3).

## 2.2 Systemüberwachung

Aufgrund von rechtlichen Konsequenzen ist es wichtig, dass Verfahrensfehler festgestellt bzw. vermieden werden. Ein Verfahrensfehler entsteht durch menschliches oder technisches Versagen. Damit ein technisches Versagen der PMOWI-Anwendung festgestellt werden kann, wird die beteiligte Hardware durch Nagios überwacht. Zunächst werden deshalb der Überwachungsablauf (siehe 2.2.1) und die Architektur (siehe 2.2.2) von Nagios eingehender betrachtet.

Die Diskrepanz zwischen dem Ist-Zustand der bestehenden Systemüberwachung und der Soll-Vorstellung wird „Problem" genannt. Das Problem besteht aus verschiedenen „Problembereichen"[9]. Im Folgenden werden die Problembereiche definiert.

### 2.2.1 Überwachungsablauf

Durch Nagios können Informationen über technische Systeme gesammelt werden. Bisher erfolgt auch die Überwachung der Workflow-Anwendung durch das Produkt Nagios. Die Abhängigkeit von den Auswertungsfunktionen des Produktes ist hier jedoch nicht erwünscht (1. Problembereich).

[9] Vgl. [BK00] S.10

Der komplette Überwachungsablauf wird in Abbildung 4 dargestellt und in Ebenen unterteilt:

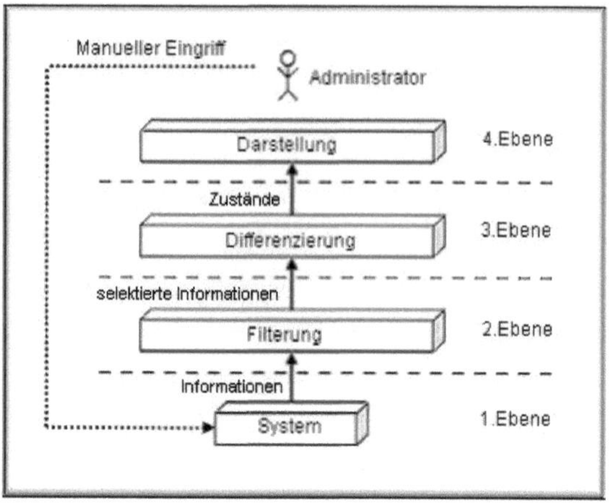


Abbildung 3: Überwachungsablauf

Auf der 1. Ebene erfolgt die Sammlung von Informationen aus einem oder mehreren Systemen. Unter dem Begriff „System" wird „eine in sich strukturierte, organisierte und geordnete Menge eng miteinander wechselwirkender Elemente" [10] verstanden. Die Menge „erweist sich aufgrund einer gegebenen Funktion und aufgrund einer spezifischen Struktur objektiv als ein einheitliches, ganzheitliches Gebilde."[11] Diese Definition ist sehr weit gefasst – ebenso wie die Erfassungsmöglichkeiten von Nagios. Die Stärke von Nagios ist die umfangreiche Informationssammlung. Hierzu greift Nagios auf ein sehr großes und dem aktuellen Stand der Technik entsprechendes Repertoire von Methoden zurück.[12]

In der 2. Ebene werden die einkommenden Informationen gefiltert. Nur ausgewählte (selektierte) Informationen werden im weiteren Ablauf berücksichtigt.

[10] Siehe [GS84] S.23
[11] Siehe [GS84] S.23
[12] Vgl. [Kr08] S.7-10

In der 3. Ebene werden die selektierten Systeminformationen in Zustände überführt. Im Zusammenhang mit Nagios wird der Begriff „Zustand“ als Status-Differenzierung von Komponenten verstanden.[13] Die Differenzierung erfolgt durch definierte Schwellwerte. Die möglichen Zustandsausprägungen sind: „Ok“, „Critical“ und „Warning“. Die manuelle Definition von Schwellwerten ist ggf. umständlich, wenn es innerhalb eines Netzwerkes zu Veränderungen kommt. Die manuelle Anpassung der Schwellwerte erfolgt ggf. mit teilweise erheblichem Zeitversatz. Eine automatisierte Lösung wäre von Vorteil (2. Problembereich).

In der 4. Ebene werden die Überwachungsergebnisse in einer Web-Oberfläche dargestellt. Ein Administrator erarbeitet ggf. selbst eine Lösung, da die Auswertungsfunktionen von Nagios sehr begrenzt sind. Es fehlen Funktionen, die eine weiterführende Ursachensuche für Anwendungen ermöglichen (3. Problembereich). Zudem kann Nagios keinen Therapievorschlag unterbreiten (4. Problembereich). Das Wissen von Anwendungsexperten kann nicht berücksichtigt werden (5. Problembereich).

### 2.2.2 Architektur

Die Abbildung 4 zeigt die modulare Architektur von Nagios, die zur Informationssammlung verwendet wird. Der Nagios-Server (1) besteht aus dem Nagios-Kern (2) und einer variablen Anzahl an Plugins (3). Durch die Plugins wird der Nagios-Server auf Betriebssystemebene um die Funktionalitäten externer Programme erweitert. Die PMOWI-Anwendung (4) besteht aus verteilten Anwendungsteilen, weshalb sich der Einsatz von „Nagios-Clients“ (5) anbietet. Ein Nagios-Client ist ein „Softwareagent“[14], der sich auf der räumlich entfernten Zielplattform befindet und dort Informationen sammelt bzw. Aktionen ausführt.

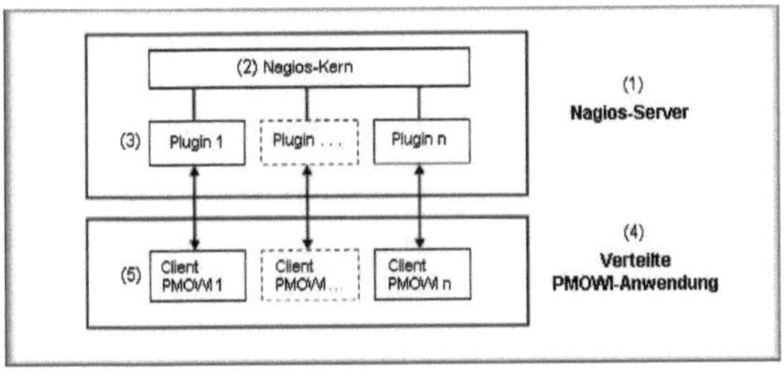


Abbildung 4: Nagios-Architektur

[13] Vgl. [Ba05] S.72
[14] Vgl. [KHL06] S.21-23

Auf dem Server „SV3“ (siehe Abbildung 2) befindet sich solch ein Nagios-Client. Dieser sammelt Informationen, welche an das zuständige Plugin des Nagios-Servers gesendet werden. Es findet eine „passive Überwachung“ statt.

Die Informationssammlung auf den Servern „SV1“ und „SV2“ erfolgt durch das Simple Network Management Protocol (SNMP). Es existiert deshalb jeweils ein aktivierter SNMP-Dienst, der Informationen in einer definierten Datenstruktur sammelt. Die Datenstruktur heißt „Management Information Base“ (MIB). Ein Nagios-Plugin führt durch ein externes Programm eine SNMP-Anfrage an den entfernten SNMP-Dienst aus. Als Antwort erhält das Plugin die MIB-Informationen in einem Informationsstrom. Es findet eine „aktive Überwachung“ statt.

Die Informationssammlung für Router erfolgt ebenfalls durch SNMP. Für Clients und Drucker existiert bisher keine Informationssammlung, da die Aktivierungszeitpunkte unregelmäßig bzw. unsicher sind (6. Problembereich).

## 3 Konzeption und Entwurf des Expertensystems

Die nun folgende Konzeption bearbeitet und löst die in der Analyse beschriebenen Problembereiche.[15] Die Problembereiche sind:

1. Die Abhängigkeit von der Nagios-Auswertungsfunktion ist aufzulösen.
2. Eine Lösung für die automatische Definition von Schwellwerten ist aufzuzeigen.
3. Bei Anwendungsstörungen ist die plausibelste Ursache abzuleiten.
4. Ein zur Ursache passender Therapievorschlag muss angezeigt werden.
5. Die Eingabe von Wissen muss für Anwendungsexperten möglich sein.
6. Eine Lösung für Komponenten mit unsicherer Aktivierung ist aufzuzeigen.

Ziel ist eine maschinellen Lösung. Deshalb muss Wissen über die Problembereiche in einem System hinterlegt sein (Wissensdarstellung). Auch Aktionen auf das hinterlegte Wissen müssen im System vorhanden sein (Wissensverarbeitung). Wird nun die Wissensdarstellung der Problembereiche von der Wissensverarbeitung getrennt, so entsteht ein „wissensbasiertes System". Stammt das hinterlegte Wissen eines solchen Systems von einem Experten (einem Spezialisten der Problembereiche), so liegt ein „Expertensystem" vor.[16] Im Folgenden wird ein solches Expertensystem entworfen, das durch das hinterlegte Wissen von Anwendungsexperten den Betrieb komplexer Anwendungen beurteilt.

Beim Entwurf (Design) des Expertensystems wird die Methodik der Abstraktion und der anschließenden Konkretisierung angewendet.[17] Es wird deshalb eine neue, abstrakte Architektur erarbeitet.

Im Anschluss an den Entwurf dieser abstrakten Architektur werden deren Komponenten konkretisiert. Hierbei wird auf bekannte, wissensbasierte Methoden bzw. mathematische Ansätze zurückgegriffen. Die Konkretisierung der Komponenten erfolgt am Beispiel der bereits unter 2.1.2 erläuterten komplexen Architektur der PMOWI-Anwendung.

[15] Vgl. [BFP96] S.26
[16] Vgl. [BK00] S.10
[17] Vgl. [GS84] S. 177

### 3.1 Abstrakte Architektur

Zunächst wird eine Architektur definiert, die an Abbildung 3 angelehnt ist. Später wird die Architektur in eine Expertensystem-Architektur überführt. Die Beschreibung der Architektur (siehe Abbildung 5) erfolgt anhand verschiedener Ebenen:

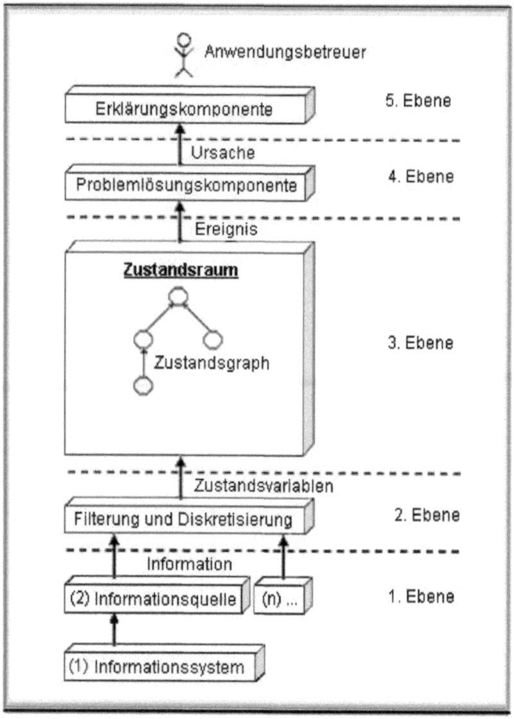


Abbildung 5: Architektur

In der 1. Ebene werden möglichst viele detaillierte Informationen über ein Informationssystem (1) – z.B. die PMOWI-Anwendung – an einem zentralen Ort gesammelt. Der zentrale Ort wird im Folgenden „Informationsquelle" (2) genannt. Die Nagios-Software kann als Informationsquelle betrachtet werden. Auch weitere Informationsquellen (n) möglich. Die eigentliche Stärke von Nagios ist die Informationssammlung aus untergeordneten Systemen, nicht die weiterführende Auswertung der Informationen. Auf dieser Ebene wird Nagios deshalb auf die Informationssammlung (Abbildung 3, 1.Ebene) reduziert. Die Abhängigkeit von der Auswertung ist dadurch aufgelöst.

In der 2. Ebene kommt es zu einer Aggregation (Vereinigung) der Informationsquellen. Die aggregierten Informationen werden zunächst gefiltert. Es werden diejenigen Informationen selektiert, die für die Beurteilung der Anwendungen relevant sind. Die selektierten Informationen werden danach in aussagekräftige, diskrete „Zustandsvariablen" überführt. Die Überführung erfolgt durch definierte, statische Schwellwerte, welche von Anwendungsexperten hinterlegt werden. Das Ergebnis der Überführung einer selektierten Information sind zwei disjunkte „Zustandsausprägungen" („wahr" bzw. „falsch") pro Zustandsvariable.

Die 3. Ebene besteht aus einem „Zustandsraum". Im Zustandsraum werden alle neu einkommenden Zustandsausprägungen der Zustandsvariablen in einem „Zustandsgraphen" registriert. Ein Zustandsgraph besteht aus Knoten (Zustandsvariablen) und Pfeilen (Aktionen auf Zustandsvariablen). Der Zustandsgraph ist die Basis für die Erfassung von „Ereignissen". Ein Ereignis ist die Veränderung der Zustandsausprägung mindestens eines Knotens im Zustandsgraph.[18]

Die Ereignisse im Zustandsgraphen werden in der 4. Ebene erfasst. Sie aktivieren die „Problemlösungskomponente". Die Aufgabe der Problemlösungskomponente ist es, für die Ereignisse im Zustandsgraph eine Ursache zu finden. Die Komponente wird in „Datenvorverarbeitung" und „diagnostische Auswertung"[19] unterteilt.

Die Datenvorverarbeitung aktualisiert den Zustandsgraphen, wenn sich eine Zustandsausprägung ändert. Die anschließende, diagnostische Auswertung bestimmt im aktuellen Zustandsgraphen die Ursache der Abweichungen. Die Abweichung mindestens eines Knotens von einem definierten Soll-Verhalten, wird „Wirkung" bzw. „Symptom" genannt. Von Symptomen kann auf eine „Ursache" bzw. „Diagnose" geschlossen werden. Solch ein Modell das von einer normalen Funktion ausgeht und lediglich Abweichungen betrachtet, wird auch „funktionales Modell" genannt.[20]

---

[18] Vgl. [NR04] S.92,93 und 183
[19] Vgl. [Pu91] S.76
[20] Vgl. [Pu91] S.86

In der 5. Ebene wird dem Anwendungsbetreuer der Lösungsweg durch die „Erklärungskomponente“ verdeutlicht. Aus der gefundenen Diagnose ist die Ableitung eines Therapievorschlags für das Informationssystem (1) möglich. Ein Therapievorschlag erklärt durch welche Maßnahmen bzw. Eingriffe eine Störung behoben wird.

Die Architektur aus Abbildung 5 wird nun in eine abstrakte Expertensystem-Architektur (siehe Abbildung 6) überführt:

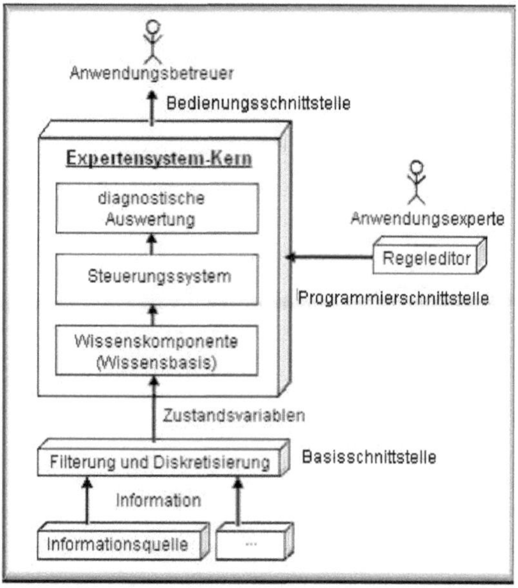


Abbildung 6: Abstrakte Architektur des Expertensystems

In Abbildung 5 wurde ein Zustandsraum definiert, der einen Zustandsgraphen beinhaltet. Die Bestandteile des Zustandsgraphen sind Zustandsvariablen und Aktionen. Innerhalb des Expertensystems gelten nun andere Begrifflichkeiten: Für die Zustandsausprägung wird der Begriff „Wahrheitswert“ eingeführt. Die Zustandsvariablen werden „Fakten“ genannt. Die Aktionen werden an Bedingungen geknüpft und heißen „Regeln“.[21] Fakten und Regeln sind fester Bestandteil der „Wissenskomponente“ bzw. „Wissensbasis“.[22]

[21] Vgl. [BK00] S.16
[22] Vgl. [BK00] S.16 und Vgl. [KKP87] S.34-39

Die Datenvorverarbeitung der Problemlösungskomponente und die Erklärungskomponente (siehe Abbildung 5) erhalten in Abbildung 6 den gemeinsamen Oberbegriff „Steuerungssystem“.[23] Die Erklärungskomponente wird unverändert übernommen. Die Datenvorverarbeitung der Problemlösungskomponente wird im Folgenden auch „Inferenzkomponente“ genannt. Die Bestandteile der Inferenzkomponente sind „Kontrollsystem“ und „Regelinterpreter“.[24]
Die Aufgabe des Kontrollsystems ist die Entscheidung welche Regeln ausgeführt werden.[25] Der Regelinterpreter führt die ausgewählten Regeln aus. Das Ausführen einer Abfolge von Regeln wird auch „Schlussfolgerung“ bzw. „Inferenz“ genannt.[26] Die Inferenz und die damit verbundene Aktualisierung von Fakten im Zustandsgraphen sind Bestandteil der Datenvorverarbeitung. Erst nach deren Abschluss ist eine Ursachenbestimmung durch die nachfolgende, diagnostische Auswertung möglich.

Die Wissenskomponente und das Steuerungssystem werden als „Systemkern“ bezeichnet. Es existieren drei Schnittstellen zum Systemkern:

1. Basisschnittstelle (Verbindung zwischen Kern und den Informationsquellen)
2. Programmierschnittstelle (Verbindung zwischen Kern und Regeleditor)
3. Bedienungsschnittstelle (des Anwendungsbetreuers)[27]

Die Basischnittstelle wird unter 3.2 konkretisiert. Auf die Konkretisierung der Programmierschnittstelle und der Bedienungsschnittstelle wird aus Umfangsgründen zunächst verzichtet (siehe Kapitel 6).

Durch einen externen „Regeleditor“ kann der Kern dynamisch angepasst werden. Beispielsweise kann ein Anwendungsexperte durch den Regeleditor die Regeln der Wissenskomponente und der Basisschnittstelle manipulieren.

---

[23] Vgl. [BHS07] S.8
[24] Vgl. [KKP87] S.7
[25] Vgl. [KKP87] S.7
[26] Vgl. [KKP87] S.62
[27] Vgl. [GS84] S.26 und Vgl. [BF88] S.97

### 3.2 Basisschnittstelle

Die Basisschnittstelle des Kerns wird auch „Prozessschnittstelle“ genannt und in Abbildung 7 weiter spezifiziert.[28] Zu unterst stehen die Informationsquellen (1 bis n). Die Anwendungsarchitektur nimmt eine wichtige Rolle bei der Informationssammlung ein. Moderne Anwendungsarchitekturen verfügen deshalb über spezielle Erfassungsmethoden. Ein Beispiel dafür (2) sind die Java Management Extensions (JMX).[29]

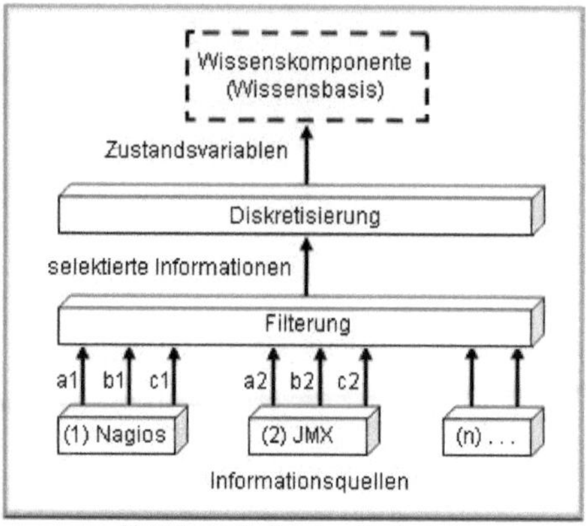


Abbildung 7: Basisschnittstelle

Die angebundenen Informationsquellen werden nacheinander zyklisch abgefragt. Die Initiative geht dabei vom Expertensystem aus. Die einkommenden Informationen (a1, b1, c1, a2, b2, c2, usw.) werden einer Filterung unterzogen. Für jede Informationsquelle (1 bis n) existiert ein Filter, der auf die Quelle angepasst ist. Bei Nagios bietet sich z.B. eine Filterung des Logfiles an. Das Ergebnis der Filterung sind die selektierten Informationen. Diese werden nun durch vorgegebene Schwellwerte in aussagekräftige Zustandsvariablen überführt. Die Eindeutigkeit der Sachverhalte wird vorausgesetzt.

[28] Vgl. [BF88] S.100
[29] Vgl. [Kr08] S.11,12 und Vgl. [Kr08] S.21

Im Folgenden sei deshalb $Z_{a1}$ die Zustandsvariable der Information a1. Es existiert für $Z_{a1}$ zu einem Zeitpunkt nur eine der zwei folgenden Zustandsausprägungen:

1. wahr : Die Anwendungskomponente ist in Ordnung oder
2. falsch : Die Anwendungskomponente ist nicht in Ordnung.

Die Überführung einer Information in eine diskrete Zustandsausprägung erfolgt durch eine „Regel". Bestandteil einer Regel sind „Prämisse" (Bedingung) und „Konklusion" (Schluss). Es gilt die formale Beziehung:

WENN (Prämisse) DANN (Konklusion)

Die Zustandsausprägung von $Z_{a1}$ wird nun an die folgenden Regeln gebunden:

1. WENN (a1 >= Schwellwert) DANN ($Z_{a1}$ = wahr)
2. WENN (a1 < Schwellwert) DANN ($Z_{a1}$ = falsch)

Nach der Regelexekution wird die resultierende Zustandsausprägung von $Z_{a1}$ an das entsprechende Faktum der Wissensbasis übergeben. Aufgrund des vorausgesetzten, eindeutigen Sachverhaltes steht zunächst die Betrachtung „sicheren Wissens" im Vordergrund.

### 3.3 Systemkern

Im Folgenden wird ein Systemkern erarbeitet, der auf sicheres Wissen spezialisiert ist. Die Behandlung unsicheren Wissens erfolgt in der Optimierung (siehe 3.5). Wie bereits unter 3.1 erläutert besteht der Kern aus der Wissensbasis, dem Steuerungssystem und einer diagnostischen Auswertung. Die Bestandteile des Systemkerns werden nun konkretisierend beschrieben.

### 3.3.1 Wissensbasis

Die bereits unter 3 erwähnte Wissensdarstellung beschreibt die Organisation und die Strukturierung des Wissens. Die Wissensstrukturierung ist in hohem Maße relevant für die späteren Operationen auf das Wissen (Wissensverarbeitung). Bei der Wissensstrukturierung werden zwei Unterarten sicheren Wissens berücksichtigt:

1. Fakten (temporäres Wissen über Einzelheiten) und
2. Regeln (dauerhaftes Wissen über Zusammenhänge).[30]

Ein Faktum wird als etwas Gegebenes betrachtet, das nicht weiter hinterfragt wird (Evidenz) und sich ggf. in bestimmten zeitlichen Abständen verändert. Eine Regel ist eine übergeordnete, dauerhafte Gesetzmäßigkeit, die ggf. auf Fakten einwirkt. Der Aufbau von Fakten und Regeln wird am Beispiel der PMOWI-Anwendung erarbeitet. Zunächst wird auf die Darstellung von Fakten eingegangen.

Das sichere Wissen über einen konkreten Sachverhalt wird durch ein Faktum dargestellt.[31] Zur mathematischen Beschreibung eines Faktums wird die Aussagenlogik verwendet. Es kann eindeutig ein Wahrheitswert – entweder „wahr“ (w) oder „falsch“ (f) – zugewiesen werden.[32]

Grundsätzlich kann ein Faktum positiv oder negativ sein. Ein positives Faktum ist in der Wissensbasis hinterlegt, ein negatives Faktum nicht. Es wird davon ausgegangen, dass das gesamte, relevante Wissen in der Wissensbasis hinterlegt wird und außerhalb nichts existiert, das von Bedeutung ist („closed-world-assumption“).[33]

Im Folgenden werden die positiven Fakten für die Anwendungsteile der PMOWI-Anwendung definiert. Anhand dieser definierten Fakten wird eine mathematische Grundlage zur Beschreibung der Anwendungspräsenz erarbeitet.

[30] Vgl. [BK00] S.16, 17
[31] Vgl. [BHS07] S. 142
[32] Vgl. [St07] S.5
[33] Vgl. [BHS07] S. 142

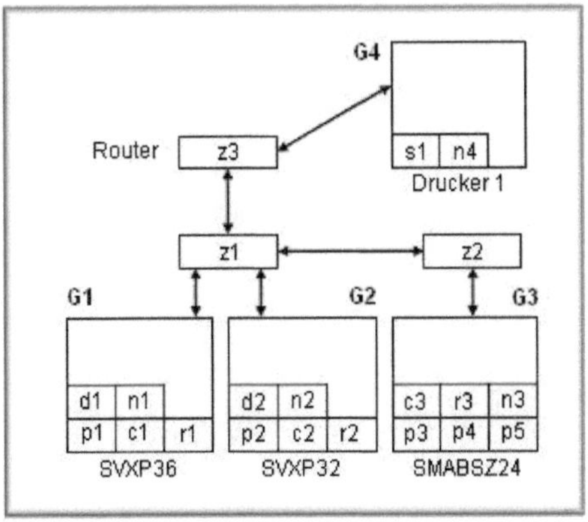


Abbildung 8: Fakten der Anwendungsteile

Die resultierenden Fakten der Anwendung sind:

| | |
|---|---|
| a) Platten-Kapazität: | d1 und d2 |
| b) Prozess-Reaktion: | p1 ... p5 |
| c) Netzwerkschnittstellen-Verfügbarkeit: | n1 ... n4 |
| d) Prozessor-Leistung: | c1 ... c3 |
| e) Arbeitsspeicher-Kapazität: | r1 ... r3 |
| f) Spooler-Reaktion: | s1 |
| g) Router-Verfügbarkeit: | z1 ... z3 |

Die Aktivierung von Druckern und Clients ist nicht eindeutig vorhersagbar (unsicheres Wissen). Für Komponenten, deren Aktivierung unsicher ist, werden zunächst keine Regeln aufgestellt. Die folgende Konzeption geht vorerst (siehe 3.5) davon aus, dass nur ein Drucker existiert, der dauerhaft mit der Anwendung verbunden ist. Es erfolgt eine Reduzierung auf sicheres Wissen.

Die definierten Fakten werden aussagenlogisch verknüpft. Dabei stehen die folgenden Junktoren zur Verfügung:

1. Konjunktion[34]

| a | b | $a \wedge b$ |
|---|---|---|
| f | f | f |
| f | w | f |
| w | f | f |
| w | w | w |

} UND-Verknüpfung

2. Disjunktion[35]

| a | b | $a \vee b$ |
|---|---|---|
| f | f | f |
| f | w | w |
| w | f | w |
| w | w | w |

} ODER-Verknüpfung

3. Implikation[36]

| a | b | $a \rightarrow b$ |
|---|---|---|
| f | f | w |
| f | w | w |
| w | f | f |
| w | w | w |

Durch die Konjunktion ($\wedge$), die Disjunktion ($\vee$) und die Implikation ($\rightarrow$) können aussagenlogische Zusammenhänge von Fakten beschrieben werden. Beispielsweise ist eine Implikation dann von Interesse, wenn ein Server regulär aktiv ist (w) und es zu einem plötzlichen Spannungsausfall kommt. Aktiviert sich die unterbrechungsfreie Stromversorgung (USV) nicht (f), so ist dies im Ergebnis als Fehler (f) zu werten.

Durch die Implikation eines permanent falschen (f) Wahrheitswertes kann eine Negation gebildet werden ($a \rightarrow (b \wedge \neg b)$[37]). Es wäre auch möglich die Negation einzuführen und diese zur Erzeugung der Implikation zu verwenden ($a \rightarrow b \Leftrightarrow \neg a \vee b$[38]). Die Auswahl der Junktoren ist durch die bisherigen Modellierungsnotwendigkeiten begründet. Der Negationsoperator wurde bisher nicht gefordert. Die Expressivität der Auswertung ist nicht eingeschränkt.

Die Fakten a) bis f) werden jetzt gemäß der räumlichen Anordnung gruppiert (G1 bis G4). Dabei gelten G1 und G2 als vollständig redundant. Durch die soeben eingeführten Junktoren lassen sich Präsenzgleichungen für die Beziehung der Fakten zu den Gruppen bilden. Der Wahrheitswert w wird im Folgenden als funktional präsent und f als fehlerhaft bzw. fehlend definiert.

[34] Siehe [St07] S.6
[35] Siehe [St07] S.7
[36] Siehe [St07] S.8
[37] Siehe [St07] S.13
[38] Siehe [St07] S.13

Die Verfügbarkeit der Gruppen wird in Präsenzgleichungen beschrieben:

(1) $F_{G1} = d1 \wedge n1 \wedge p1 \wedge c1 \wedge r1$

(2) $F_{G2} = d2 \wedge n2 \wedge p2 \wedge c2 \wedge r2$

(3) $F_{G3} = c3 \wedge n3 \wedge p3 \wedge p4 \wedge p5 \wedge r3$

(4) $F_{G4} = s1 \wedge n4$

Durch die Gleichungen (1) bis (4) und die Router-Fakten z1, z2 und z3 ergibt sich im Folgenden die Präsenzgleichung der gesamten Anwendung ($F_{Anwendung}$). Die Redundanz zwischen G1 durch G2 wird durch die Disjunktion beschrieben.

(5) $F_{Anwendung} = (F_{G1} \vee F_{G2}) \wedge F_{G3} \wedge F_{G4} \wedge z1 \wedge z2 \wedge z3$

Die in der Aussagenlogik formulierten Präsenzgleichungen (1 bis 5) lassen sich in die Graphentheorie transferieren. Es existieren zahlreiche Terminologien, die für die Darstellung von Graphen verwendet werden können.[39] Eine passende Darstellung wird im Folgenden ausgewählt:

Bei den definierten Präsenzgleichungen $F_{G1}$, $F_{G2}$, $F_{G3}$ und $F_{G4}$ handelt es sich um Gleichungen, aus denen höchstens ein resultierendes Ergebnis hervorgeht. Auch die Gleichung $F_{Anwendung}$ liefert höchstens ein resultierendes Ergebnis. Es entsteht ein Ordnungsprinzip, das „Monohierarchie“ genannt wird. Monohierarchien können in einem speziellen Graphen abgebildet werden – einem „Baum“. In einem Baum existiert nur ein einziger Weg von einem „Knoten“ zum jeweils nachfolgenden Knoten. Ein Knoten ist eine Verknüpfungsstelle für Fakten. Auf niedrigster Ebene des Baumes existiert ein einziger „Wurzelknoten“.[40]

[39] Vgl. [Ca03] S.94
[40] Vgl. [Ca03] S.94

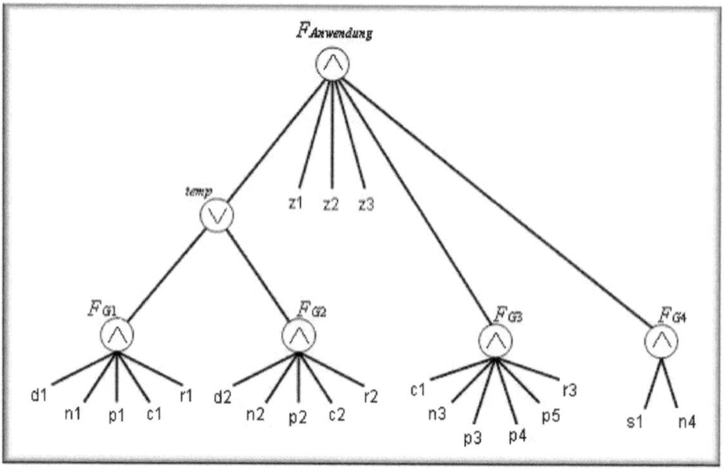


Abbildung 9: Zustandsgraph der PMOWI-Anwendung

Abbildung 9 zeigt den resultierenden, baumförmigen Zustandsgraphen der Wissensbasis. Die Wurzel des Baumes ist $F_{Anwendung}$. Ein Faktum wird im Baum als „Blatt" dargestellt. Ein Blatt ist ein Randelement des Baumes. Jeder Knoten des Zustandsgraphen beinhaltet den Junktor einer Präsenzgleichung. Der Junktor eines Knotens wird – zusammen mit den angrenzenden Fakten – als Prämisse (siehe 3.2) einer knotenspezifischen Regel betrachtet. Der resultierende Zustandsgraph aus Abbildung 9 wird „Und-Oder-Baum" genannt.[41] Die Implikation erweitert diesen Baum.

Es existiert nun eine umfassende, mathematische Beschreibung der Wissensbasis eines „regelorientierten Systems".[42]

### 3.3.2 Steuerungssystem

Das Steuerungssystem ist ebenfalls Bestandteil des Kerns. Es steuert die unter 3 erwähnte Wissensverarbeitung und erklärt die Verarbeitungsergebnisse. Wie bereits unter 3.1 erwähnt, wird das Steuerungssystem in Inferenzkomponente und Erklärungskomponente unterteilt. Im Folgenden wird zunächst die Inferenzkomponente konkretisiert.

[41] Vgl. [Ja99] S.86
[42] Vgl. [KKP87] S.34 bis 36

### 3.3.2.1 Inferenzkomponente

Die Inferenzkomponente ist im System für die Problemlösung bzw. Wissensverarbeitung verantwortlich. Sie bewertet den Betrieb der Anwendung neu, wenn sich – aufgrund einer aktuellen Information der Basisschnittstelle (siehe 3.2) – der Wahrheitswert eines Faktums verändert. Die Änderung muss dann in die bestehende Wissensbasis eingefügt werden. Dazu ist es ggf. notwendig, den Zustandsgraphen (siehe Abbildung 9) zu aktualisieren. Dies geschieht durch die Verkettung von Regeln im Zustandsgraphen. Die Verkettung aller Regeln entlang eines Pfades im Zustandsgraphen wird „Schlussfolgerung" bzw. „Inferenz" genannt.[43]

Der unter 3.3.1 Abbildung 9 beschriebene Graph ermöglicht Schlussfolgerungen. Über Schlussfolgerungen kann von einem neuen Wahrheitswert eines Faktums auf die gesamte Anwendungspräsenz geschlossen werden. Die Funktionsweise einer solchen Schlussfolgerung erfolgt am Beispiel des Graphen aus Abbildung 9:

Eine Änderung des Wahrheitswertes von Faktum p2 hat ggf. Auswirkungen auf das Ergebnis des gesamten Knotens $F_{G2}$. Das an $F_{G2}$ resultierende Ergebnis wird zusammen mit dem Wahrheitswert des Nachbarknotens $F_{G1}$ im nächsten gemeinsamen Folgeknoten $temp$ disjunkt ($\vee$) verknüpft. Das wiederum resultierende Ergebnis des $temp$ Knotens wird zusammen mit den Zuständen z1, z2, z3, $F_{G3}$ und $F_{G4}$ konjunkt ($\wedge$) verknüpft. Die Wurzel $F_{Anwendung}$ passt sich entsprechend an.

Durch die fortschreitende Schlussfolgerung innerhalb des Baumes kommt es zu einer Informationsverdichtung in Richtung der Wurzel. Diese gerichtete Schlussfolgerung wird auch „Vorwärtsverkettung" genannt. Die strenge Baumstruktur des Zustandsgraphen verhindert eine Selbstbestätigung der Schlussfolgerung. Erreicht die Schlussfolgerung die Wurzel, so ist die Datenvorverarbeitung beendet. Die diagnostische Auswertung (siehe 3.3.3) wird gestartet.
Eine Schlussfolgerung in umgekehrter Richtung wird „Rückwärtsverkettung" genannt. Es müssen während der „zielorientierten Inferenz" ggf. fehlende Werte vom Anwender erfragt werden.[44] Die Rückwärtsverkettung wird an dieser Stelle nicht weiter betrachtet.

---

[43] Vgl. [KKP87] S.61[]
[44] Vgl. [SH97] S.60 und 61

Wie bereits unter 3.1 erwähnt, wird die Schlussfolgerung der Inferenzkomponente in zwei Teilbereiche unterteilt: In „Kontrollsystem“ und „Regelinterpreter“. Das Kotrollsystem wählt die Regeln entlang eines Pfades im Graphen aus und verkettet sie schrittweise (Triggerung). Der Regelinterpreter wertet die Prämissen logisch aus.[45]

Damit dieses komplexe, interne Geschehen für den Anwendungsbetreuer transparent wird, muss es erklärt werden.

#### 3.3.2.2 Erklärungskomponente

Die Aufgabe der Erklärungskomponente ist es, die Problemlösung bzw. die Wissensverarbeitung für den Anwendungsbetreuer verständlich und nachvollziehbar darzustellen. Bestandteile der Problemlösung sind die bereits behandelte Inferenz (Datenvorverarbeitung) und die anschließende diagnostische Auswertung.

Die Transparenz der Inferenz wird durch die Darstellung der einzelnen Inferenzschritte (siehe 3.3.2.1) erreicht. Bei der diagnostischen Auswertung (siehe 3.3.3) wird die ermittelte Diagnose in Textform beschrieben. Zudem wird dem Anwendungsbetreuer, passend zur gefundenen Diagnose, ein Therapievorschlag angezeigt. Bestandteil des Therapievorschlages ist eine Handlungsanweisung. Sie beschreibt, wie die Störung vom Anwendungsbetreuer beseitigt werden kann.

### 3.3.3 Diagnostische Auswertung

Im Folgenden wird auf die diagnostische Auswertung eingegangen. Zunächst wird der bereits eingeführte Begriff „Diagnose“ eingehender betrachtet. Er wird in der Diagnostik

1. als Synonym für die „Ursache“ von Symptomen verwendet[46] und
2. für einen ursachenbezogenen Problemlösungsprozess. Eine „Diagnose ist der Prozess der Festlegung des inneren Zustands eines Systems aufgrund einer vorliegenden Symptomatik.“[47]

[45] Vgl. [KKP87] S.37
[46] Vgl. [Pu91] S.86
[47] Vgl. [Me90] S.37

Der Diagnoseprozess beginnt im Anschluss an die Datenvorverarbeitung (siehe 3.3.2.1). Ist die Schlussfolgerung an der Wurzel angelangt, so ist der Zustandsgraph wieder stabil. Erst dann kann mit dem Diagnoseprozess begonnen werden. Die folgende Abbildung 10 zeigt den Ablauf des Diagnoseprozesses:

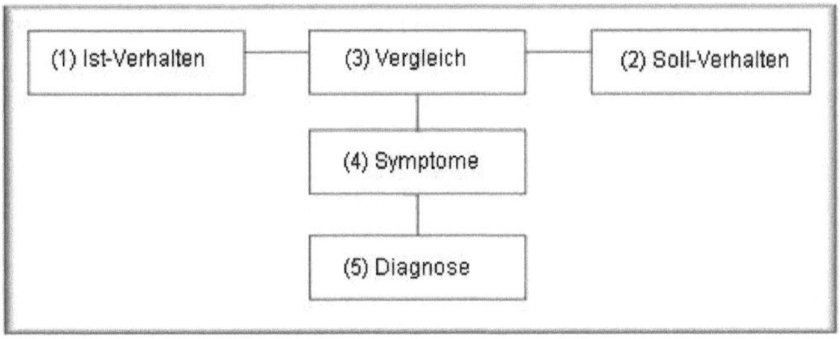


Abbildung 10: Diagnoseprozess[48]

Wie bereits unter 3.1 erwähnt wird ein funktionales Modell ausgewählt. Ein funktionales Modell geht von der normalen Funktion des Systems aus. Lediglich die Abweichungen werden betrachtet.[49] Die aktualisierten Fakten bilden das „Ist-Verhalten" (1) des Zustandsgraphen. Ein definiertes „Soll-Verhalten" (2) ist statisch im System hinterlegt. Das Soll-Verhalten aller Fakten im Zustandsgraphen ist der Wahrheitswert „wahr" (normale Funktion). Während der Auswertung wird das Ist-Verhalten mit dem Soll-Verhalten verglichen (3). Die resultierenden Abweichungen sind die „Symptome" bzw. „Wirkungen" (4). Durch eine „Abduktion" kann von einem oder mehreren Symptomen auf die entsprechende „Diagnose" bzw. „Ursache" (5) geschlossen werden. Bei einer Abduktion existiert jedoch keine eindeutige Zuordnungsmöglichkeit zwischen Symptomen und Diagnosen. Ein zwingend kausaler bzw. logischer (probabilistischer) Schluss ist nicht möglich. Deshalb ist eine weiterführende Bewertung der Zuordnungsmöglichkeiten fester Bestandteil der diagnostischen Auswertung.[50]

Die „probabilistische Diagnosebewertung" (Differentialdiagnostik) bewertet die Qualität der Abduktion durch Vergleiche von Symptombildern. Ein Symptombild besteht aus einer nicht leeren Menge gleichwertiger Symptome.

[48] Vgl. [Me90] S. 38
[49] Vgl. [Pu91] S.86
[50] Vgl. [Pu91] S.75, 86

Bei der Bewertung wird zwischen dem „tatsächlichen Symptombild“ (S) und den im Expertensystem hinterlegten „potentiellen Diagnosen“ (D) unterschieden. Das tatsächliche Symptombild besteht aus allen aktuellen Symptomen. Eine potentielle Diagnose beinhaltet eine Menge von Symptomen, die ein Anwendungsexperte definiert.

Die Bewertungsgrundlage ist die Schnittmenge ($\cap$) zwischen dem tatsächlichen Symptombild und den hinterlegten, potentiellen Diagnosen. Bei der Bewertung ist das Ziel, die am Besten passende Diagnose zu finden. Die beste Diagnose hat die mächtigste Schnittmenge zum tatsächlichen Symptombild.[51]

Die Verdeutlichung erfolgt an einem praktischen Fall der PMOWI-Anwendung: Es wird angenommen, dass auf Server „SV2“ die Platten-Kapazitätsgrenze (d1) erreicht ist. Dies hat zur Folge, dass auf dem Server auch die Netzwerkschnittstelle (n1) nicht mehr erreichbar ist. Zudem reagiert der Anwendungsprozess (p1) nicht mehr. Die Störungen werden zu einem tatsächlichen Symptombild (S1) zusammengefasst. Im Expertensystem hinterlegt befinden sich zwei potentielle Diagnosen (D1 und D2). Die potentielle Diagnose D1 bringt die Störung des Anwendungsprozesses (p1) mit einer fehlerhaften Netzwerkschnittstelle (n1) in Verbindung. Die potentielle Diagnose D2 bringt die Störung des Anwendungsprozesses (p1) mit zu hoher Prozessorlast (c1) bzw. Arbeitsspeicherproblemen (r1) in Verbindung. Der Zusammenhang wird in Abbildung 11 verdeutlicht:

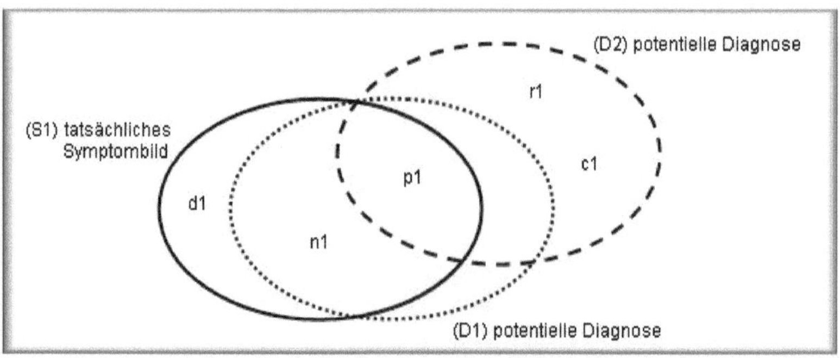


Abbildung 11: Probabilistische Diagnosebewertung

[51] Vgl. [Pu91] S.80

Es lassen sich nun die folgenden Mengen definieren:

$S = \{d1, n1, p1\}$

$D1 = \{n1, p1\}$

$D2 = \{p1, r1, c1\}$

Mit D1 und D2 wird nun jeweils die Schnittmenge zu S1 gebildet:

$D1 \cap S1 = \{n1, p1\}$ => Mächtigkeit 2

$D2 \cap S1 = \{p1\}$ => Mächtigkeit 1

Die Bewertung erfolgt durch den Vergleich der Anzahl an Schnittmengen-Elementen (Mächtigkeit). Die mächtigste Schnittmenge tritt bei Verwendung von D1 auf. Die Diagnose D1 ist die am Besten passende Ursache im System.

Bei dieser Bewertung kann es zu einer Abschwächung der Diagnose kommen: Beispielsweise ist zu berücksichtigen, dass d1 ein beobachtetes, aber nicht erwartetes Symptom ist. Dies spricht grundsätzlich gegen die Diagnosen D1 und D2.[52]

### 3.4 Regeleditor

Die Aufgabe des Regeleditors ist es, dem Anwendungsexperten eine Möglichkeit bereitzustellen, um potentielle Diagnosen und den Zustandsgraphen in der Wissensbasis zu hinterlegen. Zudem können im Regeleditor die Schwellwerte der Basisschnittstelle und die Informationsfilterung manipuliert werden.

Eine Eingabemöglichkeit für Fakten und Knoten des Zustandsgraphen ist Bestandteil des Regeleditors. Die Eingabe des Graphen erfolgt in Richtung der Wurzel (vorwärtsverkettet). Jedem Knoten ist ein Junktor (Konjunktion, Disjunktion oder Implikation) zuzuordnen. Die Anzahl an Eingangsparametern ist für jeden Knoten variabel. Ein Eingangsparameter kann durch den Editor mit den selektierten und diskreten Informationen der Basisschnittstelle verbunden werden. Je Knoten existiert nur ein Ausgangsparameter, der nach der Inferenz das logische Ergebnis enthält. Ein Ausgangsparameter kann in einem Folgeknoten wieder als Eingangsparameter verwendet werden (Verkettungsaspekt).

[52] Vgl. [Pu91] S.80

Der Regeleditor ist eine vom Kern des Expertensystems getrennte Software. Auf diese Weise können Verknüpfungen des Zustandsgraphen zunächst offline verändert und im Nachhinein in den Kern eingespielt werden. Es wird ein „Graphical User Interface“ (GUI) verwendet.

### 3.5 Ansätze zur Optimierung

Das soeben entworfene Expertensystem kann weiter optimiert werden. Im Folgenden werden Ansätze zur Verbesserung der Inferenzkomponente (siehe 3.5.1) und der Schwellwerteingabe (siehe 3.5.2) aufgezeigt.

#### 3.5.1 Temporale Inferenz

Die Aktivierung von temporären Anwendungsteilen ist unsicher (siehe 3.3.1). Bisher wurde die zeitlich abhängige Präsenz der Drucker und Clients nicht bei der Konkretisierung berücksichtigt. Für die Aufstellung zeitlich abhängiger Präsenzgleichungen ist es zunächst notwendig, Drucker und Clients differenziert zu betrachten.

Bisher wurde davon ausgegangen, dass ein einziger Drucker dauerhaft zur Verfügung steht. Tatsächlich existieren mehrere Drucker, die gelegentlich gewartet werden. Bei einer Wartung wird ein Drucker absichtlich von der Anwendung getrennt. Die fehlende Präsenz des Gerätes darf jedoch nicht als Störung wahrgenommen werden. Der Zeitraum, in welchem ein Drucker gewartet wird (Wartungsintervall) kann an bestimmte Geräte-Interna geknüpft werden. Beispielsweise an die Anzahl der Ausdrucke. Im günstigsten Fall existiert für jeden Drucker ein definiertes Wartungsintervall. Für ein Wartungsintervall besteht eine Prognose- bzw. Planungsmöglichkeit. Das Intervall kann dann dem Expertensystem vorab mitgeteilt werden. Der Einsatz einer „zeitlich planbaren“ bzw. „deterministischen“ Inferenz ist möglich.[53]

Bei den Clients ist dies anders. Es ist schwierig, vorherzusagen, wann ein Client aktiv sein wird. Die Prognose- bzw. Planungsmöglichkeiten sind gering. Die Vorhersage eines Zeit-Inveralls ist deshalb nicht möglich. Die Inferenz ist „zeitlich nicht planbar“ bzw. „nicht deterministisch“.[54]

[53] Vgl. [NR04] S.66-67
[54] Vgl. [NR04] S.66-67

Im Folgenden wird auf die Formulierung von Präsenzgleichungen für deterministische bzw. nicht deterministische Inferenzen näher eingegangen:

Es ist möglich eine zeitlich nicht deterministische Inferenz in eine deterministische zu überführen. Dies kann ggf. durch eine Erweiterung des Erfassungsumfangs geschehen. Die Aktivierung lässt sich ggf. an die Anwesenheit der betreffenden Mitarbeiter binden. Zusätzliche Aktivierungsinformationen können ggf. dem Zeiterfassungssystem der Angestellten entnommen werden. Hier wäre eine Untersuchung notwendig.

Das Aufstellen von Präsenzgleichungen für eine deterministische Inferenz ist vergleichsweise einfacher. Durch Vorgabe eines Wartungsintervalls kann das Kontrollsystem die Regel des betreffenden Druckers temporär deaktivieren. Im Folgenden werden für die Drucker zeitabhängige Präsenzgleichungen erstellt:

Es sei $T_x$ ein Wartungsintervall eines beliebigen Druckers x. Das Intervall $T_x$ wird durch dessen Grenzen beschrieben. Die Grenzen sind Wartungsbeginn ($t_0$) und Wartungsende ($t_1$). Es gilt: $T_x = [t_0; t_1]$

Zu einem beliebigen Zeitpunkt t existieren nun für einen Drucker zwei Möglichkeiten:

1. t liegt innerhalb von $T_x$: Der Drucker befindet sich in Wartung. Für alle Zeitpunkte t, die innerhalb von $T_x$ liegen ist die Präsenzgleichung des Druckers nicht gültig.
2. t liegt nicht innerhalb von $T_x$: Der Drucker befindet sich nicht in Wartung. Für alle Zeitpunkte t, die nicht innerhalb von $T_x$ liegen ist die Präsenzgleichung gültig.

Bisher gelten die folgenden, unberichtigten Präsenzgleichungen:

(1) $F_{G4} = s1 \wedge n4$

(2) $F_{Anwendung} = (F_{G1} \vee F_{G2}) \wedge F_{G3} \wedge F_{G4} \wedge z1 \wedge z2 \wedge z3$

Die Präsenzgleichungen werden nun um den temporalen Aspekt und drei weitere Drucker erweitert. Grundlage für die Erweiterung sind die neuen Benennungen aus Abbildung 12:

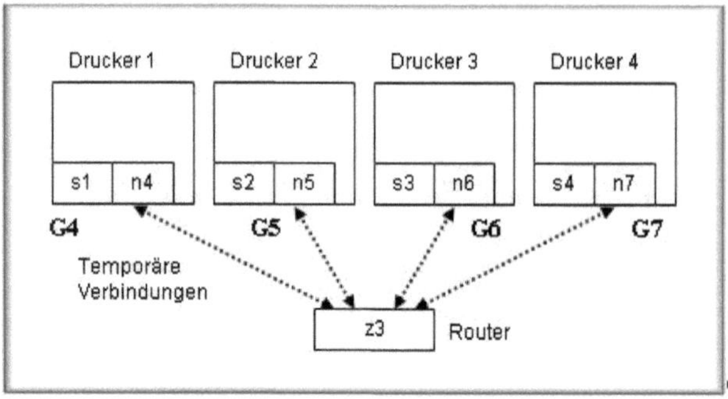


Abbildung 12: Drucker Benennungen

Es ergeben sich neue, zeitabhängige Präsenzgleichungen:

(1) Es gilt $F_{G4}(t) = s1 \wedge n4$ falls t nicht in $T_1$ liegt.

(2) Es gilt $F_{G5}(t) = s2 \wedge n5$ falls t nicht in $T_2$ liegt.

(3) Es gilt $F_{G6}(t) = s3 \wedge n6$ falls t nicht in $T_3$ liegt.

(4) Es gilt $F_{G7}(t) = s4 \wedge n7$ falls t nicht in $T_4$ liegt.

Für die Gesamtanwendung ergibt sich die folgende Präsenzgleichung:

$$F_{Anwendung} = (F_{G1} \vee F_{G2}) \wedge F_{G3} \wedge F_{G4}(t) \wedge F_{G5}(t) \wedge F_{G6}(t) \wedge F_{G7}(t) \wedge z1 \wedge z2 \wedge z3$$

Eine Überführung der neuen, zeitabhängigen Präsenzgleichungen ergibt den folgenden Zustandsgraphen:

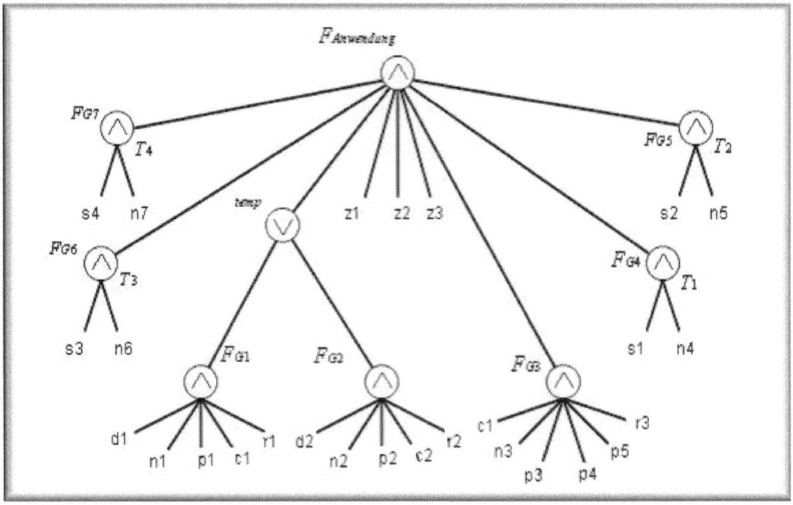


Abbildung 13: Zustandsgraph mit zeitabhängigen Knoten

Die Knoten $F_{G4}$, $F_{G5}$, $F_{G6}$ und $F_{G7}$ sind existenziell von t abhängig. Damit die Junktoren der Knoten greifen und bei der Bestimmung von $F_{Anwendung}$ berücksichtigt werden, darf t nicht innerhalb von $T_X$ des Knotens liegen. Es resultiert ein zeit-dynamischer Baum. Die zeitabhängigen Knoten dürfen nicht innerhalb des Baumes liegen. Es entstehen sonst Lücken im Graphen.

Der Junktor eines Knotens lässt sich ebenfalls in Abhängigkeit von t definieren. Hier wird auf Kapitel 6 „Zusammenfassung und Ausblick“ verwiesen.

Die tiefergehende Behandlung zeitlicher Aspekte soll in einer weiteren Arbeit erfolgen. Dabei wird eine Auswertung über die zeitlichen Eigenschaften von Zustandsfolgen implementiert werden. Zielsetzung ist die Diagnose von Verletzungen vereinbarter Service-Level, wie z.B. Verfügbarkeitsvereinbarungen unter Berücksichtigung vertraglicher Regelungen zu Wartungsintervallen. Es kommen Erweiterungen der „Computation Tree Logic“ (CTL) zur Verifikation zeitbehafteter Regeln zum Einsatz.[55]

[55] Vgl. [Ch02] Kapitel 4 und Vgl. [Bö00] S.224 – 233

### 3.5.2 Automatische Schwellwertbestimmung

Innerhalb des Expertensystems wird jedem Faktum ein Wahrheitswert (w bzw. f) zugeordnet. Die Entscheidung, wann genau der entsprechende Wahrheitswert gilt, ist abhängig vom Schwellwert. Bisher erfolgt die Einstellung der Schwellwerte durch den Experten. Wie bereits unter 2.2.2 erwähnt ist die manuelle Definition von Schwellwerten ein Problembereich. Im Folgenden wird deshalb das soeben konzipierte Expertensystem so erweitert, dass es Schwellwerte „lernen“[56] kann. Die Erarbeitung des notwendigen Algorithmus erfolgt am Beispiel der Netzwerkschnittstellenverfügbarkeit.

Beispielsweise kann das Faktum der Netzwerkschnittstellenverfügbarkeit (n1) präsent sein (= w) oder fehlen (= f). Grundsätzlich ist es möglich, den Zustand des Faktums an die Verzögerungszeit (Latenzzeit) der Netzwerkschnittstelle zu binden. Für die Bestimmung der Latenzzeit kann der zeitliche Unterschied zwischen einer beliebigen Netzwerkschnittstelle (1.) und der zu erfassenden Netzwerkschnittstelle (2.) gemessen werden. Die Abbildung 14 zeigt das Szenario:

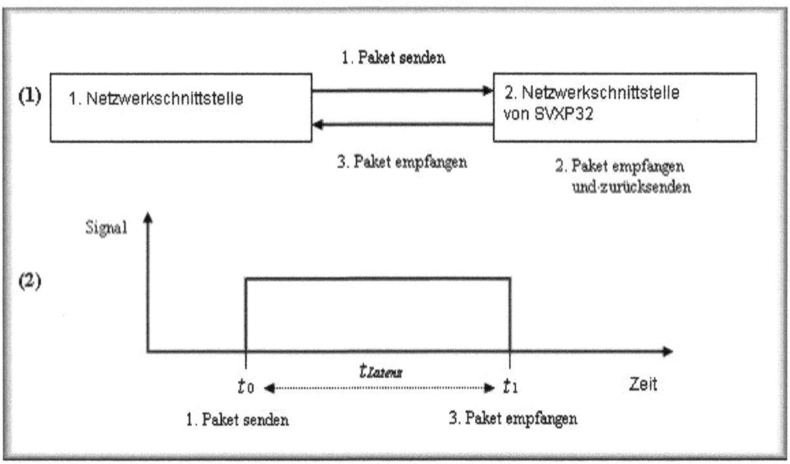


Abbildung 14: Messung der Latenzzeit

[56] Vgl. [NR04] S.66 und S.79-80

Wie (1) zeigt, sendet eine beliebige 1. Netzwerkschnittstelle ein Informationspaket an die 2. Netzwerkschnittstelle (Messobjekt). Beim Versenden wird ein Timer zum Zeitpunkt $t_0$ gestartet. Die 2. Netzwerkschnittstelle empfängt das Paket und beantwortet es schnellstmöglich. Sobald die ursprünglich initiierende 1. Netzwerkschnittstelle ein Antwortpaket von n1 empfängt, wird der Timer zum Zeitpunkt $t_1$ gestoppt.

Wie (2) zeigt, wird der zeitliche Versatz (Latenzzeit) zwischen $t_0$ und $t_1$ wie folgt errechnet:

$$t_{Latenz} = t_1 - t_0$$

Ist die 2. Netzwerkschnittstelle nicht erreichbar, so kommt es zu einem Timeout. Unter konstanten Bedingungen im Netz kann durch die Latenzzeit auf die Präsenz der 2. Netzwerkschnittstelle geschlossen werden.

Interessant in diesem Zusammenhang ist, nach welcher Regel die 2. Netzwerkschnittstelle als präsent bzw. fehlend kategorisiert wird. Beispielsweise können alle Messungen, die eine Latenzzeit > 80 ms aufweisen, den Schluss zulassen, dass die 2. Netzwerkschnittstelle fehlt. Die Schwierigkeit bei der Regeldefinition liegt in der richtigen Wahl des Schwellwertes:

WENN ( $t_{Latenz} \leq$ Schwellwert) DANN (ist n1 wahr)
SONST (ist n1 falsch)

Die Auswahl ist jedoch hinfällig, wenn $t_{Latenz}$ aufgrund temporärer Konfigurationsänderungen im Netzwerk zwischen verschiedenen Werten springt und sich das System verändert. Eine Vereinfachung und Automatisierung bei der Wahl von Schwellwerten versprechen die Methoden neuronaler Netze. Im Folgenden wird eine Lösung erarbeitet:

Das menschliche Gehirn besteht aus mehreren Milliarden von „Neuronen“. Eine aktuelle, biologische Vorstellung von Neuronen geht davon aus, dass ein Neuron Eingaben (Reize) von seinen Nachbarn empfängt. Bei häufigen Eingaben eines bestimmten Nachbarn fällt es dem betreffenden Neuron leichter auf der betreffenden Verbindung erregt zu bleiben. Schlussfolgerungen in Richtung bestimmter, erlernter Bahnen fallen leichter.[57]

[57] Vgl. [NR04] S.29-31 und Vgl. [Ca03] S.191

Dieses biologische Prinzip wird in der Informationstechnologie nachgeahmt – in Form des „Computerneurons". Ein Computerneuron wird in der Literatur auch „Perzeptron" genannt. Ein einfaches Perzeptron besteht aus verschiedenen, anpassbaren Gewichten ($w_1 \ldots w_4$), einem Schwellwert ($SW$), den Eingaben ($X_1 \ldots X_4$) und einer Erhöhung bzw. Verminderung der Gewichte ($d$). Abbildung 6 zeigt ein Perzeptron mit bereits vorgegebenen Werten.[58]

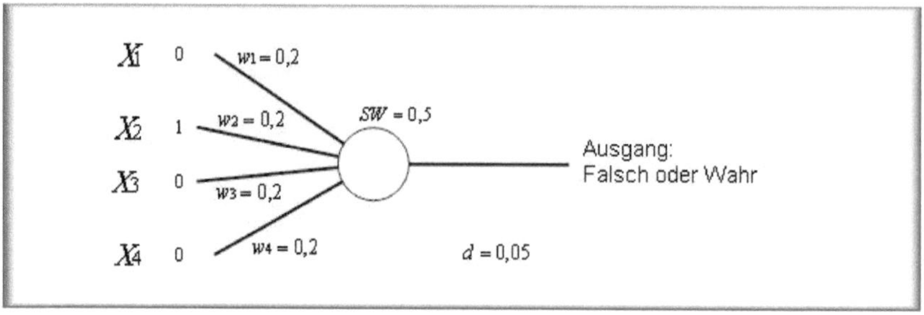


Abbildung 15: Perzeptron bzw. Computerneuron[59]

Es werden 4 Zeitintervalle definiert, in welchen sich die in Millisekunden (ms) gemessene Latenzzeit ($t_{Latenz}$) befindet.

(1) $T_1$ = [0 ms ; 25 ms[

(2) $T_2$ = [25 ms ; 50 ms [

(3) $T_3$ = [50 ms ; 75 ms [

(4) $T_4$ = [75 ms ; $\infty$ ms [

Für jedes Zeitintervall ($T_1 \ldots T_4$) wird eine Regel erzeugt :

(1) WENN ($t_{Latenz} > 0$ ms UND $t_{Latenz} < 25$ ms) DANN (ist $X_1$ wahr)

(2) WENN ($t_{Latenz} \leq 25$ ms UND $t_{Latenz} < 50$ ms) DANN (ist $X_2$ wahr)

(3) WENN ($t_{Latenz} \leq 50$ ms UND $t_{Latenz} < 75$ ms) DANN (ist $X_3$ wahr)

(4) WENN ($t_{Latenz} \geq 75$ ms) DANN (ist $X_4$ wahr)

[58] Vgl. [Ca03] S.193
[59] Vgl. [Ca03] S.193,194 und Vgl. [NR04] S.896

Die gemessene Latenzzeit ($t_{Latenz}$) kann eindeutig einem entsprechenden Zeitintervall zugeordnet werden. Über die Zuordnung werden die diskreten Eingaben ($x_1 \ldots x_4$) des Perzeptrons erzeugt. Es kann immer nur eine Eingabe wahr sein, da sich $t_{Latenz}$ nur in einem Zeitintervall befindet.

Im Folgenden wird nun angenommen, dass eine Latenzzeit von $t_{Latenz}$ = 30 ms gemessen wurde. Über die Regeln (1) bis (4) wird das passende Zeitintervall bestimmt und die entsprechende Eingabe gesetzt. Die Verzögerungszeit $t_{Latenz}$ = 30 ms liegt im Zeitintervall $T_2$. Über Regel (2) wird $X_2$ auf wahr (=1) gesetzt. In Tabelle 1 im Schritt a) kann dies betrachtet werden.

Nun ist die Summe aus den Gewichten der wahren Eingaben zu bilden. Wie bereits oben in der Regeldefinition erläutert, kann aufgrund der vorgesetzten Regeln immer nur eine Eingabe wahr sein. Die Summe aus den Gewichten der wahren Eingaben ist deshalb nur $w_2$. Die Summe wird mit dem Schwellwert (SW = 0,5) verglichen. Da $w_2$=0,2 größer sein soll als SW=0,5, befindet sich der Ausgang des Perzeptrons im Ist-Zustand „falsch". Tatsächlich soll sich der Ausgang des Perzeptrons aber im Soll-Zustand „wahr" befinden. Die festgestellte Abweichung führt dazu, dass die Operation „d=+0,05 auf $w_2$" ausgeführt wird. Damit das Perzeptron zukünftig richtig bzw. besser schalten kann, muss das Gewicht $w_2$ erhöht werden. Im Schritt b) wird deshalb nun das um +0,05 erhöhte $w_2$ verwendet.

Unter c) ändert sich die Eingabe. Die Latenzzeit $t_{Latenz}$ liegt nun in einem anderen Intervall. Dies kann viele verschiedene Ursachen haben. Für das Perzeptron bedeutet dies, dass jetzt $w_3$ um +0,05 erhöht wird.

Durch den fortschreitenden Lernprozess erreicht $w_2$ im Schritt i) ein Niveau, das den Schwellwert überschreitet. Es muss keine weitere Operation mehr ausgeführt werden, da das Perzeptron gelernt hat, dass es bei einer wahren Eingabe von $X_2$ den Ausgang ebenfalls auf wahr setzt. Der Lernvorgang ist beendet und die Gewichte werden nicht mehr angepasst.

| | X1 | X2 | X3 | X4 | w1 | w2 | w3 | w4 | $\sum$ | Ausgang: $\sum > SW$ | Ausgang: Soll | Operation |
|---|---|---|---|---|---|---|---|---|---|---|---|---|
| a) | 0 | 1 | 0 | 0 | 0,2 | **0,2** | 0,2 | 0,2 | 0,2 | falsch | wahr | +0.05 auf w2 |
| b) | 0 | 1 | 0 | 0 | 0,2 | **0,25** | 0,2 | 0,2 | 0,25 | falsch | wahr | +0.05 auf w2 |
| c) | 0 | 0 | 1 | 0 | 0,2 | 0,3 | **0,2** | 0,2 | 0,2 | falsch | wahr | +0,05 auf w3 |
| d) | 0 | 1 | 0 | 0 | 0,2 | **0,3** | 0,25 | 0,2 | 0,3 | falsch | wahr | +0.05 auf w2 |
| e) | 0 | 1 | 0 | 0 | 0,2 | **0,35** | 0,25 | 0,2 | 0,35 | falsch | wahr | +0,05 auf w2 |
| f) | 0 | 1 | 0 | 0 | 0,2 | **0,4** | 0,25 | 0,2 | 0,4 | falsch | wahr | +0,05 auf w2 |
| g) | 0 | 1 | 0 | 0 | 0,2 | **0,45** | 0,25 | 0,2 | 0,45 | falsch | wahr | +0,05 auf w2 |
| h) | 0 | 1 | 0 | 0 | 0,2 | **0,5** | 0,25 | 0,2 | 0,5 | wahr | wahr | +0,05 auf w2 |
| i) | 0 | 1 | 0 | 0 | 0,2 | **0,55** | 0,25 | 0,2 | 0,55 | wahr | wahr | Keine |

Tabelle 1: Lernen der Gewichte

Letztlich wird durch den soeben erarbeiteten Algorithmus ein Bitmuster gelernt.[60] Im Vergleich zur einfachen Addition der Eingaben hat der Algorithmus den Vorteil, dass er Eingaben gewichtet. Ausreißer einer Messreihe – wie beispielsweise unter c) – werden aufgrund der geringen Häufigkeit niedriger gewichtet.

Der Lernvorgang sollte über einen längeren Zeitraum stattfinden.[61] Dauert der zuvor beschriebene Lernvorgang an, so kann das Perzeptron am Ende des Lernvorgangs möglicherweise nicht nur auf $X_1$ reagieren, sondern auch auf andere Eingaben. Dies ist auch dann interessant, wenn sich $t_{Latenz}$ nahe einer Intervallgrenze befindet und evtl. zwischen zwei Intervallen hin und her springt. In diesem Fall sind beide Intervalle zulässig. Unter diesem Gesichtspunkt scheint es sinnvoll zu sein mehr als nur 4 Intervalle zu definieren. Die Anzahl der Intervalle (Auflösung) kann erhöht werden.

Es ist möglich, dass $t_{Latenz}$ nicht in benachbarten Intervallen liegt. Innerhalb des Netzwerkes sind temporäre Konfigurationen plausibel, durch die sich $t_{Latenz}$ zu bestimmten Zeiten sprungartig ändern könnte. Ein Beispiel wäre die folgende, zeitlich überdeckte und gelernte Eingabenfolge (es wird angenommen, dass eine höhere Auflösung verwendet wird): 000011000001100. Dieses Muster beschreibt eine zulässige Latenzzeit, die in zwei voneinander getrennten Intervallbereichen liegt. Dieser Ansatz bedeutet eine Vereinfachung der Konfiguration.

[60] Vgl. [Ca03] S.195 und 197
[61] Vgl. [Ca03] S.200

## 4 Prototypisierung

Aus der zuvor erarbeiteten Konzeption des Expertensystems wird ein „Prototyp" (griechisch Urbild, Muster)[62] entwickelt. Der Prototyp ist eine Umsetzung des Konzeptes, die auf das Wesentliche reduziert ist. Aufgrund der angestrebten Vereinfachung werden die Erklärungskomponente (siehe 3.3.2.2), die Basisschnittstelle (siehe 3.2) und die Ansätze zur Optimierung (siehe 3.5) nicht entwickelt. Die Entwicklung von Erklärungskomponente und Basisschnittstelle wird als einfach zu realisieren, aber zeitaufwändig eingestuft. Die Ansätze zur Optimierung werden zunächst nicht entwickelt, da sie eine weiterführende Präzisierung bedeuten.

Diese Vorgehensweise entspricht einem „vertikalen Prototyping"[63], das ausgesuchte Funktionen realisiert. Bei einem „horizontalen Prototyping"[64] werden alle Funktionen im Prototyp deutlich vereinfacht entwickelt. Ein horizontales Prototyping wird nicht verwendet. Im Mittelpunkt der Prototypisierung stehen die Funktionen ausgewählter Komponenten. Die Auswahl erfolgt im Hinblick auf die spätere Bewertung (siehe 5).

Der Zweck der Prototypentwickung ist die „Prüfung" bzw. „Validation"[65] der Umsetzbarkeit des Konzeptes.[66] Deshalb wird ein Entwicklungsziel definiert, das die Umsetzbarkeit validiert. Die folgenden Komponenten werden entwickelt:

1. Die Bedienungsoberfläche des Regeleditors
2. Die Wissensbasis
3. Die Inferenzkomponente
4. Die diagnostische Auswertung

Die beschriebenen Konkretisierungen der Komponenten werden vollständig entwickelt. Die Diskussion von Detailfragen soll anhand der Umsetzung möglich sein. Der Zeit- und der Kostenaufwand zur Erreichung des Entwicklungsziels sind gering zu halten.[67] Bei der Entwicklung werden nur kostenfreie Entwicklungswerkzeuge verwendet.

[62] Vgl. [BFP96] S.106
[63] Vgl. [BFP96] S.111
[64] Vgl. [BFP96] S.111
[65] Vgl. [BF88] S.103
[66] Vgl. [SH87] S.229
[67] Vgl. [BFP96] S.113

## 4.1 Wissensbasis

Es erfolgt die Umsetzung des unter 3.3.1 erwähnten Konzeptes der Wissensbasis. Um einen zügigen Entwicklungsfortschritt sicherzustellen, wird bei der Entwicklung eine Datenbank (MySQL Version 5.0.51a) verwendet. Die Wissensbasis wird vollständig in ein relationales Datenbankparadigma implementiert. In der relationalen Datenbank lassen sich „Relationen" erzeugen. Eine Relation besteht aus einer benannten (nicht unendlichen) Menge von „Datensätzen" (Tupeln, Zeilen). Wobei ein Datensatz eine Anordnung aus nicht weiter zerlegbaren Spalten (Attributen) ist und Attributwerte enthält.[68] Eine Relation, in der Datensätze mehrfach vorkommen, heißt „Tabelle".[69] Tabellen eignen sich zur Umsetzung der Wissensdarstellung aus 3.3.1.

Die Wissensdarstellung wird in der Datenbankabfragesprache Structured Query Language (SQL) beschrieben. Die SQL ermöglicht die datenbankinterne Definition, Abfrage und Manipulation des Wissens. In der Datenbank existiert für jeden Knoten des Zustandsgraphen eine Tabelle, die im Folgenden „Knotentabelle" genannt wird.

| In_name | zustand | out_name |
|---|---|---|
| IN1 | wahr | OUT1 |
| IN2 | falsch | OUT1 |

Tabelle 2: Knotentabelle mit Fakten

Die Knotentabelle besteht aus drei Spalten. Die Bereitstellung der Fakten wird wie folgt realisiert: Die Eingangsparameter (z.B. IN1, IN2) des Knotens werden in der Tabellenspalte „in_name" aufgelistet. Jedem Eingangsparameter wird in der Tabellenspalte „zustand" ein Wahrheitswert zugewiesen. Der Ausgangsparameter (z.B. OUT1) wird in der Spalte „out_name" zugewiesen. Aufgrund der Baumstruktur des Zustandsgraphen existiert immer nur ein Ausgangsparameter je Knotentabelle. Der Ausgangsparameter einer Knotentabelle kann wiederum Eingangsparameter eines nachfolgenden Knotens sein (Verkettungsaspekt).

---

[68] Vgl. [WS04] S.420
[69] Vgl. [WS04] S.421

## 4.2 Inferenzkomponente

Es erfolgt die Umsetzung des unter 3.3.2.1 erwähnten Konzeptes der Inferenz. Die Inferenz wird ebenfalls in die Datenbank implementiert. Bei der Umsetzung werden „Prozeduren" und „Trigger" aus der SQL verwendet. Ein Trigger ist eine Datenbankregel, deren Prämisse an ein bestimmtes Tabellenereignis (z.B. das Update einer Knotentabelle) gebunden ist.[70] In einer Prozedur erfolgt eine Stapelverarbeitung ohne Ergebnisrückgabe.[71]

Die SQL lässt sich in „interaktives SQL" und „modulares SQL" unterteilen. Das modulare SQL erweitert interaktives SQL gemäß dem SQL:1999-Standard um Trigger und Prozeduren[72]. Der Standard beschreibt zwar deren Existenz, definiert jedoch nicht die Syntax (Anordnung). Das bedeutet, dass die Implementierung von Prozeduren und Triggern grundsätzlich herstellerspezifisch erfolgt. Die Umsetzung der Inferenz aus 3.3.2.1 ist somit ebenfalls herstellerspezifisch.

In kommerziellen Datenbanken sind Prozeduren und Trigger schon lange Zeit implementiert. Die MySQL-Datenbank stellt diese erst ab Version 5 zur Verfügung. Der Funktionsumfang von MySQL ist noch vergleichsweise eingeschränkt. Es kann nur „statisches SQL" verwendet werden. Statische SQL-Anweisungen sind der Datenbank schon vor der Ausführung bekannt. Ein „dynamisches SQL" wird nicht unterstützt.[73] Dies ist bei der Entwicklung von Kontrollsystem und Regelinterpreter zu berücksichtigen.

### 4.2.1 Kontrollsystem

Das Kotrollsystem verkettet während der Inferenz die Regeln schrittweise. Die Verkettung wird durch Trigger realisiert.

[70] Vgl. [KR02] S.125
[71] Vgl. [KR02] S.107
[72] Vgl. [ISO99] S.52
[73] Vgl. [Ko05] S.38, 875

Jeder Knotentabelle sind ein Trigger und eine Prozedur namentlich zugeordnet. Die Aktivierung des Triggers einer Knotentabelle wird an das Tabellenereignis „Update“ gebunden. Wird in einer Knotentabelle ein Datensatz (Eingangsparameter) durch eine Update-Anweisung aktualisiert, so wird der Trigger aktiviert. Der aktivierte Trigger ruft nun die zur Knotentabelle gehörende Prozedur auf. Innerhalb der Prozedur wird durch den Regelinterpreter (siehe 4.3.2) die logische Verknüpfung der Tabellenspalte „zustand“ durchgeführt. Das Interpreterergebnis (wahr bzw. falsch) wird dem Ausgangsparameter zugewiesen und durch eine Update-Anweisung an den Nachfolgeknoten übergeben.

```
UPDATE {Nachfolgeknoten} SET {Nachfolgeknoten}.zustand = {Interpreterergebnis}
WHERE {Nachfolgenoten}.in_name = out_name;
```

Durch das Update wird wiederum der Trigger des Nachfolgeknotens aktiviert. Dieser Vorgang wird – ausgehend von einem Blatt – vorwärtsverkettet bis zur letzten Knotentabelle (Wurzel) fortgesetzt.

### 4.2.2 Regelinterpreter

Wie bereits unter 4.3.1 erwähnt wird der Regelinterpreter während der Inferenz vom Kontrollsystem aufgerufen. Der Regelinterpreter wertet dann die jeweilige Knotentabelle logisch aus. Im Folgenden wird die Umsetzung der Junktoren (Konjunktion, Disjunktion und Implikation) in der SQL aufgezeigt:

Die Umsetzung der Konjunktion ($\wedge$) erfolgt durch die Auswertung der Tabellenspalte „zustand“ in der Knotentabelle. In der Tabellenspalte wird die Anzahl der „falsch“ Attributwerte gezählt (1). Existiert mindestens ein solcher Attributwert, so wird „falsch“ in eine übergeordnete Faktentabelle eingetragen (2). Existiert kein solcher Attributwert, so wird „wahr“ in die Faktentabelle eingetragen (3).

```
(1) SELECT COUNT(*) AS cnt FROM knoten WHERE knoten.zustand = 'falsch';
(2) IF cnt > 0 THEN UPDATE fakten SET fakten.zustand='falsch' WHERE fakten.out_name=out_name;
(3) ELSE UPDATE fakten SET fakten.zustand='wahr' WHERE fakten.out_name=out_name;
```

Die Umsetzung der Disjunktion ($\vee$) erfolgt ebenfalls durch die Auswertung der Tabellenspalte „zustand". In der Tabellenspalte wird die Anzahl der „wahr" Attributwerte gezählt (1). Existiert mindestens ein solcher Attributwert, so wird „wahr" in die übergeordnete Faktentabelle eingetragen (2). Existiert kein solcher Attributwert, so wird „falsch" in die Faktentabelle eingetragen (3).

```
(1) SELECT COUNT(*) AS cnt FROM knoten WHERE knoten.zustand = 'wahr';
(2) IF cnt > 0 THEN UPDATE fakten SET fakten.zustand='wahr' WHERE fakten.out_name=out_name;
(3) ELSE UPDATE fakten SET fakten.zustand='falsch' WHERE fakten.out_name=out_name;
```

Die Umsetzung der Implikation ($\rightarrow$) erfolgt ebenfalls durch Auswertung der Knotentabelle. Für jeden Eingangsparameter wird der entsprechende Wert in der Tabellenspalte „zustand" betrachtet. Nur wenn der Wert des 1. Eingangsparameters „wahr" (1) und der des 2. Eingangsparameters „falsch" (2) ist, wird „falsch" in die übergeordnete Faktentabelle eingetragen (3). In allen anderen Fällen wird „wahr" in die Faktentabelle eingetragen (4). Der Vergleich wird durch Zähler realisiert.

```
(1) SELECT COUNT(*) AS cnt1 FROM knoten WHERE knoten.id='1' AND knoten.zustand='wahr';
(2) SELECT COUNT(*) AS cnt2 FROM knoten WHERE knoten.id='2' AND knoten.zustand='falsch';
(3) IF (cnt1=1 && cnt2=1) THEN UPDATE fakten SET fakten.zustand='falsch' WHERE fakten.out_name=out_name;
(4) ELSE UPDATE fakten SET fakten.zustand='wahr' WHERE fakten.out_name=out_name;
```

Die Eintragung der Ergebnisse in die Faktentabelle (siehe Abbildung 1) erfolgt, damit Ergebnisse durch eine einzige SQL-Anweisung aus der Datenbank ausgelesen werden können.

| id | out_name | zustand | alias |
|---|---|---|---|
| 1 | IN1 | wahr | 1. Eingangsparameter Knoten 1 |
| 2 | IN2 | falsch | 2. Eingangsparameter Knoten 1 |
| 3 | OUT1 | falsch | Ausgangsparameter Knoten 1 |

Tabelle 3: Faktentabelle eines Knotens

### 4.3 Diagnostische Auswertung

Im Folgenden wird die Umsetzung der unter 3.3.3 angeführten probabilistischen Diagnosebewertung beschrieben. Voraussetzung der diagnostischen Auswertung ist, dass für jede potentielle Diagnose eine Tabelle mit Symptomen in der Datenbank existiert (siehe 4.5.4). Zudem ist Voraussetzung, dass die Faktentabelle durch die Inferenz (Datenvorverarbeitung) aktualisiert wurde.

Erreicht ein Trigger die Wurzel des Zustandsgraphen, so wird die Diagnoseprozedur aufgerufen. Innerhalb der Diagnoseprozedur wird zunächst zwischen den hinterlegten potentiellen Diagnosen und der Faktentabelle die Schnittmenge gebildet. Es werden nur die Tupel aus der Faktentabelle berücksichtigt, bei denen in der Spalte „zustand“ der Attributwert „falsch“ steht (tatsächliche Symptome).

Die Bestimmung der Schnittmenge zwischen einer hinterlegten Diagnosetabelle und der Faktentabelle erfolgt durch eine SQL-Anweisung:

```
SELECT COUNT(DISTINCT symptom) AS cnt FROM {Diagnosetabelle} WHERE {Diagnosetabelle}.symptom IN
(SELECT DISTINCT out_name FROM parameter WHERE parameter.zustand ='falsch');
```

Diese Selektion wird für alle hinterlegten Diagnosetabellen ausgeführt. Die Variable „cnt“ zählt die Übereinstimmungen der Schnittmenge. Die wahrscheinlichste Diagnose (Ursache) hat die meisten Übereinstimmungen mit der Faktentabelle. Der Zählerstand ist dann am höchsten. Die resultierende Kennung der genauesten Diagnose (mächtigste Schnittmenge) wird in die Faktentabelle eingetragen.

### 4.4 Regeleditor

Der unter 3.4 angeführte Regeleditor wird in der Programmiersprache Java realisiert. Die Grundlage für die Realisierung ist das „Java Development Kit“ (JDK) in der Version 6. Bestandteil des JDK sind verschiedene Schnittstellen und Klassenbibliotheken.
Zwei dieser Bibliotheken heißen „Swing“ und „Abstract Window Toolkit (AWT)“. Die Beiden Bibliotheken ermöglichen die Entwicklung einer graphischen Bedienungsoberfläche. Die Swing-Bibliothek ist moderner als die AWT-Bibliothek.

Ein Vorteil von Swing ist die Plattformunabhängigkeit der Bedienelemente. Zur Implementierung der graphischen Oberfläche des Regeleditors wird deshalb die Swing-Bibliothek verwendet. Innerhalb der Swing-Bibliothek sind die Klassennamen durch ein vorangestelltes „J" gekennzeichnet.74

### 4.4.1 Regeleingabe

Im Menü (JMenubar) „Wissensbasis" wird der Menüpunkt (JMenu) „Regel setzen" ausgewählt. Die Eingabe einer Regel erfolgt durch die Definition eines Knotens (graphisches Objekt[75]). Die Position des Knotens wird durch einen Mausklick in die Zeichenfläche (JPanel) des Hauptfensters (JFrame) eingegeben.

Nach dem Mausklick wird der Knoten parametrisiert (Funktion des graphischen Objektes[76]). Die Eingabe der Prämisse des Knotens erfolgt im Fenster „Regeleingabe" (JFrame). Innerhalb des Fensters kann auf den Namen eines bereits bestehenden Knotens referenziert werden. Nach der Regeleingabe wird der Knoten auf der Zeichenfläche als Rechteck dargestellt.

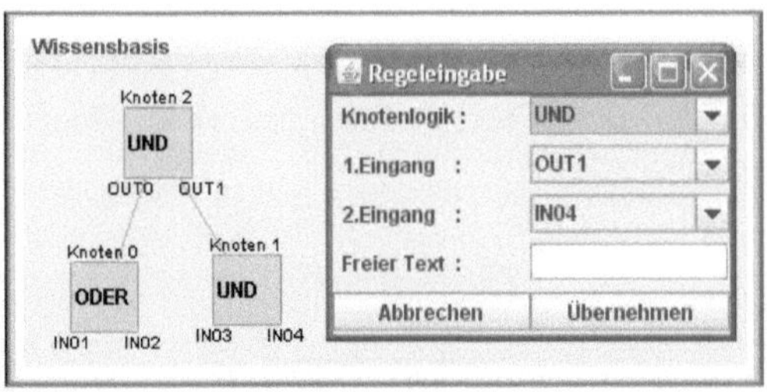


Abbildung 16: Graphische Eingabe des Zustandsgraphen

### 4.4.2 Transfer zur Datenbank

Im Menü (JMenubar) „Wissensbasis" wird der Menüpunkt (JMenu) „Übertragen zur Datenbank" ausgewählt. Die eingegebenen Regeln werden dann vom Regeleditor in SQL-Anweisungen übersetzt und in eine Datei geschrieben. Die resultierende SQL-Datei wird durch einen Shell-Befehl in die Datenbank importiert.

[74] Vgl. [LM05] Kapitel 9
[75] Vgl. [BFP96] S.223
[76] Vgl. [BFP96] S.223

Diese Form der Realisierung hat verschiedene Vorteile:

1. Die Umsetzung der Regeln kann archiviert werden.
2. Die Übersetzung kann auf Fehler untersucht werden (Debug).

### 4.4.3 Auslesen der Faktentabelle

Im Menü (JMenubar) „Wissensbasis“ wird der Menüpunkt (JMenu) „Faktentabelle auslesen“ angewählt. Durch eine SQL-Abfrage ist es möglich, die Zustände aller in der Wissensbasis hinterlegten Fakten auszulesen. Ausgelesene Fakten werden in einer Tabelle (JTable) angezeigt. Der Zugriff auf die Datenbank erfolgt zum Auslesen durch die „Java Database Connectivity (JDBC)“-Schnittstelle. Bestandteil von JDBC sind Klassen und Methoden, um auf die relationale Datenbank zuzugreifen.[77]

### 4.4.4 Eingabe potentieller Diagnosen

Im Menü (JMenubar) „Diagnostik“ wird der Menüpunkt (JMenu) „Diagnose eingeben“ angewählt. In dem darauffolgenden Fenster (JFrame) „Symptomeingabe“ können potentielle Diagnosen im Expertensystem hinterlegt werden. Die Ablage erfolgt in Form je einer Tabelle pro potentieller Diagnose. Die Symptome einer potentiellen Diagnose werden in der Tabellenspalte „symptom“ aufgezählt.

| id | symptom |
|---|---|
| 1 | IN1 |
| 2 | IN2 |
| 3 | OUT5 |

Tabelle 4: Tabelle einer potentiellen Diagnose

Die potentiellen Diagnosen werden im System für die diagnostische Auswertung (siehe 4.4) benötigt.

[77] Vgl. [Ul05] S. 1220

## 5 Bewertung

Der entwickelte Prototyp (siehe 4) dient dem Interessenausgleich zwischen Anwendungsbetreuer, Anwendungsexperte und Entwickler. Er ist für die Beteiligten der „Kommunikationsgegenstand"[78]. Die Stärken und Schwächen des Prototyps werden in einem Gespräch erarbeitet. Der Konsens wird durch die Abbildungen 18 bis 20 in einer „Stärken-Schwächen-Analyse"[79] dargestellt. Jede Abbildung enthält ein „Netz-Diagramm"[80] in dem die optimale „Soll-Vorstellung" durch eine grün umrandete Fläche beschrieben wird. Die „Ist-Abweichung" des Prototyps wird durch eine rot umrandete Fläche dargestellt. Ein Bewertungspunkt im Diagramm, der sich im positiven Bereich (>0 bis 2) befindet, ist eine positive Abweichung. Der Prototyp übertrifft dann die Erwartung. Befindet sich ein Bewertungspunkt im negativen Bereich (-2 bis <0), so liegt eine negative Abweichung vor. Der Prototyp entspricht dann nicht der Erwartung. Ein Bewertungspunkt direkt auf der Soll-Vorstellung (= 0) entspricht genau der Erwartung.

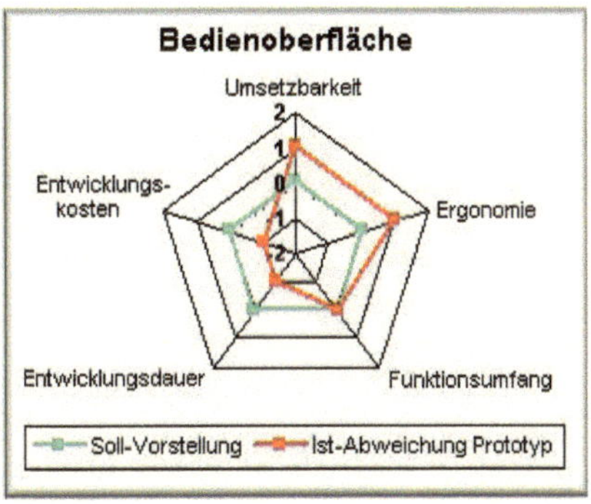


Abbildung 18: Netz-Diagramm der Bedienoberfläche

Die beschriebene Bedienoberfläche des Regeleditors kann gut (+1) umgesetzt werden. Die Ergonomie[81] (Effizienz, Wartbarkeit und Portabilität) ist vorhanden (+1). Der Funktionsumsumfang[82] entspricht der Erwartung (0). Die Implementierung der graphischen Oberfläche ist aufwändig und dauert länger als erwartet (-2). Dies bedeutet zusätzliche Entwicklungskosten (-2).

[78] Vgl. [BFP96] S.106
[79] Vgl. [Ba08] S.167-168
[80] Vgl. [SW05] S.514
[81] Vgl. [BFP96] S.453-455
[82] Vgl. [BFP96] S.452

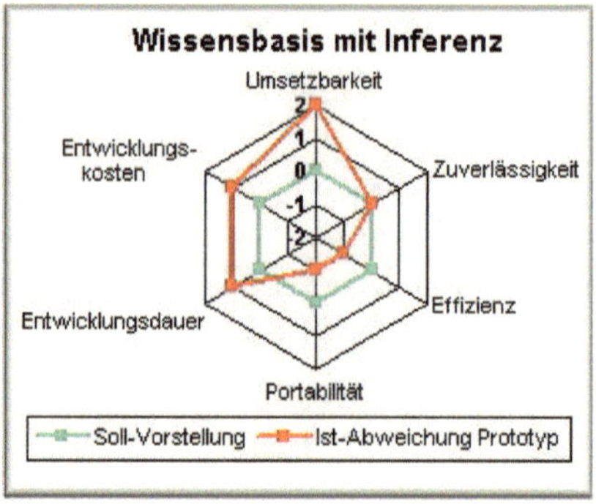


Abbildung 19: Netz-Diagramm der Wissensbasis mit Inferenz

Die beschriebene Wissensbasis und Inferenz kann sehr gut (+2) in einer Datenbank umgesetzt werden. Die Implementierung arbeitet – wie erwartet – zuverlässig[83] (0). Die Lösung hat jedoch einen Nachteil bei der Geschwindigkeit der Inferenz, da Datenbank-Trigger verwendet werden.[84] In diesem speziellen Anwendungsfall existiert jedoch keine Echtzeit-Anforderung (-1). Durch die (zwangsläufige) Verwendung von herstellerspezifischem SQL ist die Portabilität eingeschränkt (-1). Die Implementierung von Wissensbasis und Inferenz in eine Datenbank bedeutet eine verkürzte Entwicklungsdauer[85] (+1) und die Einsparung von Kosten (+1).

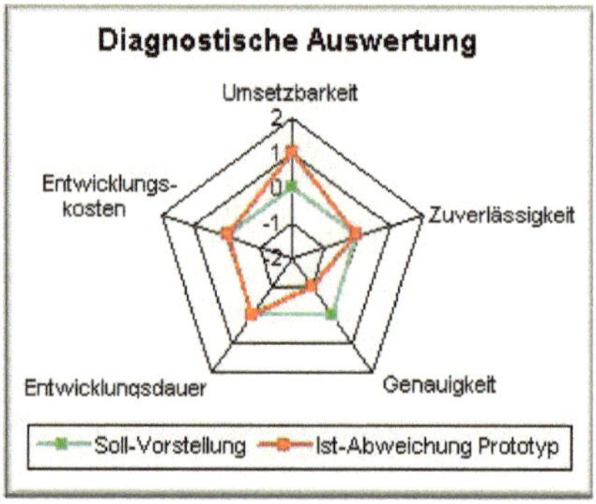


Abbildung 20: Netz-Diagramm der diagnostischen Auswertung

83 Vgl. [BFP96] S.454, 456
84 Vgl. [Er88] S.41
85 Vgl. [BFP96] S.459

Die beschriebene diagnostische Auswertung kann gut (+1) in einer Datenbank umgesetzt werden. Die Implementierung arbeitet – wie erwartet – zuverlässig (0). Die probabilistische Diagnosebewertung arbeitet nur dann wirklich „genau", wenn (alle) potentiellen Diagnosen im Expertensystem hinterlegt werden. Bei mehreren Schnittmengen mit identischer Mächtigkeit, wird momentan die zuerst eingegebene ausgewählt (-1). Die Entwicklungsdauer ist wie erwartet (0). Ebenso die Entwicklungskosten[86] (0).

Ebenfalls von Bedeutung ist die Vollständigkeit der Lösungsumsetzung: Der entwickelte Prototyp beinhaltet die praktische Lösungsumsetzung der unter 3 genannten Problembereiche 1, 3 und 5. Die Problembereiche 2 und 6 sind gelöst und konzeptionell berücksichtigt, jedoch noch nicht realisiert. Es existiert ein Potential für Optimierungen. Auf die praktische Umsetzung des Problembereiches 4 – das Anzeigen eines zur Ursache passenden Therapievorschlags – wurde verzichtet, um den Entwicklungsaufwand zu reduzieren. Die praktische Umsetzung des Problembereiches wird als unkritisch betrachtet. Es fehlt hier die Zuordnung zwischen den potentiellen Diagnosen des Systems und den Handlungsanweisungen (für den Anwendungsbetreuer).

Während eines Testlaufes fällt der geringe Funktionsumfang auf. Aber es ist auch ersichtlich, dass ein neues, ganzheitliches und gut durchdachtes Konzept verfolgt wird. Die zuvor erwähnte suboptimale Geschwindigkeit der Inferenz (Aufgrund der verwendeten Datenbank-Trigger) ist nicht auffällig. Ein „Performanztest"[87] wurde jedoch noch nicht durchgeführt.

Aufgrund der vollständigen Lösbarkeit der Problembereiche erscheint eine „Evolution"[88] (Prozess der Produktentwicklung) sinnvoll.

[86] Vgl. [BFP96] S.456, 457
[87] Vgl. [LS03] S.62
[88] Vgl. [BFP96] S.275-277

# 6 Zusammenfassung und Ausblick

In der Einführung konnte festgestellt werden, dass Expertensysteme Informationen filtern und für den Anwender so aufbereiten, dass eine einfache Bedienung möglich ist. Es wurde festgestellt, dass eine solche Automatisierung gerade bei der Betreuung von komplexen Informationssystemen von Vorteil ist. Die Zielsetzung war deshalb die Entwicklung eines Expertensystems, das bei Anwendungsstörungen die Ursache bestimmt und dem zuständigen Anwendungsbetreuer einen Therapievorschlag unterbreitet. Dafür mussten die Schwächen der bestehenden Systemüberwachung beseitigt werden.

Es erfolgte deshalb eine Analyse: Eine komplexe Workflow-Anwendung wurde stellvertretend für andere kommunale Informationssysteme ausgewählt und eingehend untersucht. Auch die bestehende Systemüberwachung der Workflow-Anwendung wurdeanalysiert. Die gefundenen Unzulänglichkeiten verschiedener Bestandteile wurden als Problembereiche definiert.

Die Lösung der Problembereiche erfolgte durch Konzeption und Entwurf des Expertensystems. Dabei wurde eine neue Architektur definiert. Die neue Architektur wurde in die abstrakte Architektur eines Expertensystems überführt. Nach der Überführung erfolgte die Konkretisierung der Komponenten. Dabei wurde kritisch auf wissensbasierte Methoden und mathematische bzw. neuronale Ansätze zurückgegriffen. Diese wurden auf die Workflow-Anwendung übertragen. Auch weiterführende Ansätze zur Optimierung wurden erläutert.

Im Anschluss an die Konzeption wurde ein definierter Funktionsumfang in einen Prototypen umgesetzt (Prototypisierung). Um Entwicklungsdauer und Kosten minimal zu halten, wurde das Konzept in eine Open-Source-Datenbank implementiert. In der Programmiersprache Java wurde ein vom Systemkern getrennter Regeleditor entwickelt.

Der realisierte Prototyp diente als Kommunikationsgegenstand für Anwendungsbetreuer, Anwendungsexperte und Entwickler. Die Bewertung der ausgewählten Funktionen erfolgte in einer Stärken-Schwächen-Analyse. Aufgrund der Lösbarkeit der Problembereiche wurde festgestellt, dass eine Weiterentwicklung möglich ist.

Es existieren die folgenden Ansätze zur Weiterentwicklung:

1. Die Implementierung der Basisschnittstelle in Verbindung mit einem Performanztest (siehe 3.2)
2. Die Implementierung des Therapievorschlags (siehe 4)
3. Die Weiterführung der Implementierung von Programmier- und Bedienungsschnittstelle (siehe 3.1) – z.B. das Löschen von Knoten während der Regeleingabe (siehe 4.4.1)
4. Die Verbesserung der diagnostischen Auswertung für Fälle in welchen die Lösung Schnittmengen mit identischer Mächtigkeit beinhaltet (siehe 5)
5. Die Implementierung der Lösungen der Problembereiche 2 und 6
6. Die Definition von Knoten, deren Junktoren abhängig von t sind (siehe 3.5.1).
7. Die Bewertung der Möglichkeiten von CTL (siehe 3.5.1)

## Literaturverzeichnis

### Fachbücher


| | |
|---|---|
| [Ba05] | Barth, Wolfgang<br>„Nagios System- und Netzwerk-Monitoring“<br>1. Aufl., Open Source Press |
| [Ba08] | Balzert, Helmut<br>“Softwaremanagement”<br>2.Aufl., Spektrum, 2008 |
| [BF88] | Bullinger/Fähnrich<br>„Expertensysteme“<br>1. Aufl., Expert Verlag, 1988 |
| [BFP96] | Böhm/Fuchs/Pacher<br>„System-Entwicklung in der Wirtschaftsinformatik“<br>4. Aufl., vdf, 1996 |
| [BHS07] | Boersch/Heinsohn/Socher<br>„Wissensverarbeitung“<br>2. Aufl., Spektrum, 2007 |
| [BJS97] | Böhm/Jablonski/Schulze<br>„Workflow-Management“<br>1.Aufl., Dpunkt, 1997 |
| [BK00] | Beierle/Kern<br>„Methoden wissensbasierter Systeme“<br>2. Aufl., Vieweg, 2000 |
| [Bö00] | Böhm, Markus<br>„Entwicklung von Workflow-Typen“<br>1.Aufl., Springer, 2000 |
| [Ca03] | Cawsey, Alison<br>„Künstliche Intelligenz“<br>1. Aufl., Pearson Studium, 2003 |
| [Ch02] | Cheng, Albert<br>„Real-Time-Systems“<br>1. Aufl., Wiley-Interscience, 2002 |

| | |
|---|---|
| [Er88] | Ernst, Christian<br>„Management Expert Systems“<br>2.Aufl., Addison-Wesley, 1988 |
| [GS84] | Gerisch/Schumann<br>„Software-Entwurf“<br>1. Aufl., Rudolf Müller, 1984 |
| [Ja99] | Jackson, Peter<br>„Introduction to Expert Systems“<br>3. Aufl., Addison-Wesley,1999 |
| [KHL06] | Kirn/Herzog/Lockemann/Spaniol<br>„Multiagent Engineering Theory and Applications in Enterprises”<br>1.Aufl., Springer, 2006 |
| [KKP87] | Karras/Kredel/Pape<br>„Entwicklungsumgebungen für Expertensysteme“<br>1. Aufl., deGruyter, 1987 |
| [Ko05] | Kofler, Michael<br>„MySQL 5“<br>3. Aufl., Addison-Wesley,2005 |
| [KR02] | Kleinschmidt/Rank<br>„Relationale Datenanksysteme“<br>2. Aufl., Springer, 2002 |
| [Kr08] | Krüger, Daniel<br>„Studienarbeit – Methoden des Application Monitoring“<br>BA-Mannheim, 2008 |
| [Le82] | Lem, Stanislaw<br>„Robotermärchen“<br>9. Aufl., Suhrkamp, 1982 |
| [LM05] | Louis/Müller<br>„Java 5“<br>1. Aufl., Markt+Technik, 2005 |
| [LS03] | Linz/Spillner<br>„Basiswissen Softwaretest“<br>1.Aufl., Dpunkt, 2003 |

| | |
|---|---|
| [Me90] | Mertens, Peter<br>„Expertensysteme in der Produktion“<br>1. Aufl., Oldenbourg, 1990 |
| [NR04] | Norvig/Russel<br>„Künstliche Intelligenz – Ein moderner Ansatz“<br>2. Aufl., Pearson Studium, 2004 |
| [Pu91] | Puppe, Frank<br>„Einführung in Expertensysteme“<br>2. Aufl., Springer,1991 |
| [St07] | Staab, Frank<br>„Logik und Algebra“<br>1. Aufl., Oldenbourg,2007 |
| [SH87] | Schnupp/Huu<br>„Expertensystem Praktikum“<br>1. Aufl., Springer,1987 |
| [SW05] | Schwimmer/Weber<br>„Excel-Programmierung“<br>1.Aufl., Microsoft Press, 1005 |
| [Ul05] | Ullenboom, Christian<br>„Java ist auch eine Insel“<br>4. Aufl., Galileo Computing, 2005 |
| [WS04] | Schneider/Werner<br>„Taschenbuch der InformatiK“<br>5. Aufl., Fachbuchverlag Leipzig, 2004 |

**Fachzeitschriften**

[HK08] Hein/Kösters
„Alarmzentrale“ in „Linux Magazin“, 03.2008, Linux New Media AG

[Pl07] Plötner, Johannes
„Service-Monitoring“ in „Hacking“, 12.2007, Software-Wydawnictwo

**Internetquellen**

[BMVBS] Bundesministerium für Verkehr, Bau und Stadtentwicklung (BMVBS)
„Straßenverkehrs-Ordnung"
http://www.bmvbs.de/Verkehr/Strasse-,1449/Strassenverkehrs-Ordnung.htm
Datum des Zugriffs 06.04.08

[ISO99] International Organization for Standardization (ISO) und
American National Standards Institute (ANSI)
„SQL-1999:Standard"
http://www.ncb.ernet.in/education/modules/dbms/SQL99/ansi-iso-9075-5-1999.pdf
Datum des Zugriffs 18.04.08

## Abkürzungsverzeichnis

| | |
|---|---|
| AWT | Abstract Window Toolkit |
| CTL | Computation Tree Logic |
| GUI | Graphical User Interface |
| JDBC | Java Database Connectivity |
| JDK | Java Development Kit |
| MAN | Metropolitan Area Network |
| MDE | Mobiles-Daten-Eerfassungsgerät |
| PMOWI | Public Marius OWI |
| SNMP | Simple Network Management Protocol |
| SQL | Structured Query Language |
| StVO | Straßenverkehrsordnung |
| SW | Schwellwert |

## Abbildungsverzeichnis